U0514842

康熙上虞縣志 1

紹興大典 史部

中華書局

圖書在版編目(CIP)數據

(康熙)上虞縣志 / (清)鄭僑修 ; (清)唐徵麟等纂 . -北京 : 中華書局 , 2024.6
(紹興大典·史部)
ISBN 978-7-101-16603-3

Ⅰ. 康… Ⅱ. ①鄭… ②唐… Ⅲ. 上虞縣-地方志-清代 Ⅳ. K295.54

中國國家版本館 CIP 數據核字 (2024) 第 078202 號

書　　名　(康熙)上虞縣志(全三册)
叢 書 名　紹興大典·史部
修　　者　〔清〕鄭僑
纂　　者　〔清〕唐徵麟 等
項目策劃　許旭虹
責任編輯　梁五童
裝幀設計　許麗娟
責任印製　管　斌
出版發行　中華書局
　　　　　(北京市豐臺區太平橋西里38號 100073)
　　　　　http: // www. zhbc. com. cn
　　　　　E-mail: zhbc@zhbc. com. cn
印　　刷　天津藝嘉印刷科技有限公司
版　　次　2024年6月第1版
　　　　　2024年6月第1次印刷
規　　格　開本787×1092毫米　1/16
　　　　　印張82½
國際書號　ISBN 978-7-101-16603-3
定　　價　1190.00元

學術顧問（按姓氏筆畫排序）

安平秋　李　岩　吴　格
袁行霈　張志清　葛劍雄
樓宇烈

編纂工作指導委員會

主　　任　盛閱春（二〇二二年九月至二〇二三年一月在任）

　　　　　温　暖　施惠芳　肖啓明　熊遠明

第一副主任　丁如興

副 主 任　陳偉軍　汪俊昌　馮建榮

成　　員（按姓氏筆畫排序）

　　　　　王静静　朱全紅　沈志江　金水法　俞正英

　　　　　胡華良　茹福軍　徐　軍　陳　豪　黄旭榮

　　　　　裘建勇　樓　芳　魯霞光　魏建東

編纂委員會

主　編　馮建榮

副主編　黄錫雲　尹　濤　王静静　李聖華　陳紅彦

委　員（按姓氏筆畫排序）

王静静　尹　濤　那　艷　李聖華　俞國林

陳紅彦　陳　誼　許旭虹　馮建榮　葉　卿

黄錫雲　黄顯功　楊水土

史部主編　黄錫雲　許旭虹

序

紹興是國務院公布的首批中國歷史文化名城，是中華文明的多點起源地之一和越文化的發祥、壯大之地。從嵊州小黄山遺址迄今，已有一萬多年的文化史；從大禹治水迄今，已有四千多年的文明史；從越國築句踐小城和山陰大城迄今，已有兩千五百多年的建城史。建炎四年（一一三〇），宋高宗駐蹕越州，取義「紹奕世之宏庥，興百年之丕緒」，次年改元紹興，賜名紹興府，領會稽、山陰、蕭山、諸暨、餘姚、上虞、嵊、新昌等八縣。元改紹興路，明初復爲紹興府，清沿之。

紹興坐陸面海，嶽峙川流，風光綺麗，物産富饒，民風淳樸，士如過江之鯽，彬彬稱盛。春秋末越國有「八大夫」佐助越王卧薪嘗膽，力行「五政」，崛起東南，威續戰國，四分天下有其一，成就越文化的第一次輝煌。秦漢一統後，越文化從尚武漸變崇文。晋室東渡，北方士族大批南遷，王、謝諸大家紛紛遷居於此，一時人物之盛，雲蒸霞蔚，學術與文學之盛冠於江左，給越文化注入了新的活力。唐時的越州是詩人行旅歌詠之地，形成一條江南唐詩之路。至宋代，尤其是宋室南遷後，越中理學繁榮，文學昌盛，領一時之先。明代陽明心學崛起，這一時期的越文化，宣導致良知、知行合一，重於事功，伴隨而來的是越中詩文、書畫、戲曲的興盛。明清易代，有劉宗周等履忠蹈義，慷慨赴死，亦有黄宗羲率其門人，讀書窮經，關注世用，成其梨洲一派。至清中葉，會稽章學誠等人紹承梨洲之學而開浙東史學之新局。晚清至現代，越中知識分子心懷天下，秉持先賢「膽劍精神」，再次站在歷史變革的潮頭，蔡元培、魯迅等人「開拓越學」，使紹興成爲新文化運動和新民主主義革命的重要陣地。越文化兼容並包，與時偕變，勇於創新，隨着中國社會歷史的變遷，無論其内涵和特質發生何種變化，均以其獨特、强盛的生命力，推動了中華文明的發展。

文獻典籍承載着廣博厚重的精神財富、生生不息的歷史文脉。紹興典籍之富，甲於東南，號爲文獻之邦。從兩漢到魏晋再至近現代，紹興人留下了浩如煙海、綿延不斷的文獻典籍。陳橋驛先生在《紹興地方文獻考録·前言》中説：「紹興是我國歷史上地方文獻最豐富的地方之一。」有我國地方志的開山之作《越絶書》，有唯物主義的哲學巨著《論衡》，有書法藝術和文學價值均登峰造極的《蘭亭集序》，有詩爲「中興之冠」的陸游《劍南詩稿》，有輯録陽明心學精義的儒學著作《傳習録》等，這些文獻，不僅對紹興一地具有重要價值，對浙江乃至全國來説，也有深遠意義。

紹興藏書文化源遠流長。歷史上的藏書家多達百位，知名藏書樓不下三十座，其中以澹生堂最爲著名，藏書十萬餘卷。近現代，紹興又首開國内公共圖書館之先河。光緒二十六年（一九〇〇），紹興鄉紳徐樹蘭獨力捐銀三萬餘兩，圖書七萬餘卷，創辦國内首個公共圖書館——古越藏書樓。越中多名士，自也與藏書聚書風氣有關。

習近平總書記强調，「我們要加强考古工作和歷史研究，讓收藏在博物館裏的文物、陳列在廣闊大地上的遺産、書寫在古籍裏的文字都活起來，豐富全社會歷史文化滋養」。黨的十八大以來，黨中央站在實現中華民族偉大復興的高度，對傳承和弘揚中華優秀傳統文化作出一系列重大決策部署。中共中央辦公廳、國務院辦公廳二〇一七年一月印發了《關於實施中華優秀傳統文化傳承發展工程的意見》，二〇二二年四月又印發了《關於推進新時代古籍工作的意見》。

盛世修典，是中華民族的優秀傳統，是國家昌盛的重要象徵。近年來，紹興地方文獻典籍的利用呈現出多層次、多方位探索的局面，從文史界到全社會都在醖釀進一步保護、整理、開發、利用紹興歷史文獻的措施，形成了廣泛共識。中共紹興市委、市政府深入學習貫徹習近平總書記重要指示精神，積極響應國家重大戰略部署，以提振紹興人文氣運的文化自覺和存續一方文脉的歷史擔當，作出了編纂出版《紹興大典》的重大決定，計劃用十年時間，系統、全面、客觀梳理紹興文化傳承脉絡，收集、整理、編纂、出版紹興地方歷史文獻。二〇二二年十月，中共紹興市委辦公室、紹興市人民政府辦公室印發《關於〈紹興大典〉編纂出版工作實施方案的通知》。自此，《紹興大典》編纂出版各項工作開始有序推進。

百餘年前，魯迅先生提出「開拓越學，俾其曼衍，至於無疆」的願景，今天，我們繼先賢之志，實施紹興歷史上前無古人的文化工程，希冀通過《紹興大典》的編纂出版，從浩瀚的紹興典籍中尋找歷史印記，從豐富的紹興文化中挖掘鮮活資源，從悠遠的紹興歷史中把握發展脉絡，古爲今用，繼往開來，爲新時代「文化紹興」建設注入强大動力。我們將懷敬畏之心，以古人「三不朽」的立德修身要求，爲紹興這座中國歷史文化名城和「東亞文化之都」立傳畫像，爲全世界紹興人築就恒久的精神家園。

是爲序。

温暖

二〇二三年十月

前言

越國故地，是中華文明的重要起源地，中華優秀傳統文化的重要貢獻地，中華文獻典籍的重要誕生地。紹興，是越國古都，國務院公布的第一批歷史文化名城。編纂出版《紹興大典》，是綿延中華文獻之大計，弘揚中華文化之良策，傳承中華文明之壯舉。

一

紹興有源遠流長的文明，是中華文明的縮影。

中國有百萬年的人類史，一萬年的文化史，五千多年的文明史。中華文明，是中華民族長期實踐的積累，集體智慧的結晶，不斷發展的産物。各個民族，各個地方，都爲中華文明作出了自己獨具特色的貢獻。紹興人同樣爲中華文明的起源與發展，作出了自己傑出的貢獻。

現代考古發掘表明，早在約十六萬年前，於越先民便已經在今天的紹興大地上繁衍生息。二〇一七年初，在嵊州崇仁安江村蘭山廟附近，出土了於越先民約十六萬年前使用過的打製石器[一]。這是曹娥江流域首次發現的舊石器遺存，爲探究這一地區中更新世晚期至晚更新世早期的人類活動、

[一] 陸瑩等撰《浙江蘭山廟舊石器遺址網紋紅土釋光測年》，《地理學報》英文版，二〇二〇年第九期，第一四三六至一四五〇頁。

華南地區與現代人起源的關係、小黄山遺址的源頭等提供了重要綫索。

距今約一萬至八千年的嵊州小黄山遺址[一]，於二〇〇六年與上山遺址一起，被命名爲上山文化。該遺址中的四個重大發現，引人矚目：一是水稻實物的穀粒印痕遺存，以及儲藏坑、鐮形器、石磨棒、石磨盤等稻米儲存空間與收割、加工工具的遺存；二是種類與器型衆多的夾砂、夾炭、夾灰紅衣陶與黑陶等遺存；三是我國迄今發現的最早的立柱建築遺存，以及石杵立柱遺存；四是我國新石器時代遺址中迄今發現的最早的石雕人首。

蕭山跨湖橋遺址出土的山茶種實，表明於越先民在八千多年前已開始對茶樹及茶的利用與探索[二]。距今約六千年前的餘姚田螺山遺址發現的山茶屬茶樹根遺存，有規則地分布在聚落房屋附近，特别是其中出土了一把與現今茶壺頗爲相似的陶壺，表明那時的於越先民已經在有意識地種茶用茶了[三]。

對美好生活的嚮往無止境，創新便無止境。於越先民在一萬年前燒製出世界上最早的彩陶的基礎上[四]，經過數千年的探索實踐，終於在夏商之際，燒製出了人類歷史上最早的原始瓷[五]；繼而又在東漢時，燒製出了人類歷史上最早的成熟瓷。現代考古發掘表明，漢時越地的窑址，僅曹娥江兩岸的上虞，就多達六十一處[六]。

中國是目前發現早期稻作遺址最多的國家，是世界上最早發現和利用茶樹的國家，更是瓷器的故

[一] 浙江省文物考古研究所編《上山文化：發現與記述》，文物出版社二〇一六年版，第七一頁。
[二] 浙江省文物考古研究所、蕭山博物館編《跨湖橋》，文物出版社二〇〇四年版，彩版四五。
[三] 北京大學中國考古學研究中心、浙江省文物考古研究所編《田螺山遺址自然遺存綜合研究》，文物出版社二〇一一年版，第一一七頁。
[四] 孫瀚龍、趙曄著《浙江史前陶器》，浙江人民出版社二〇二二年版，第三頁。
[五] 鄭建華、謝西營、張馨月著《浙江古代青瓷》，浙江人民出版社二〇二二年版，上册，第四頁。
[六] 宋建明主編《早期越窑——上虞歷史文化的豐碑》，中國書店二〇一四年版，第二四頁。

鄉。《（嘉泰）會稽志》卷十七記載「會稽之産稻之美者，凡五十六種」，稻作文明的進步又直接促成了紹興釀酒業的發展。同卷又單列「日鑄茶」一條，釋曰「日鑄嶺在會稽縣東南五十五里，嶺下有僧寺名資壽，其陽坡名油車，朝暮常有日，産茶絶奇，故謂之日鑄」。可見紹興歷史上物質文明之發達，真可謂「天下無儔」。

二

紹興有博大精深的文化，是中華文化的縮影。文化是一條源遠流長的河，流過昨天，流到今天，還要流向明天。悠悠萬事若曇花一現，唯有文化與日月同輝。

大量的歷史文獻與遺址古迹表明，四千多年前，大禹與紹興結下了不解之緣。大禹治平天下之水，漸九川，定九州，至於諸夏乂安，《史記·夏本紀》載：「禹會諸侯江南，計功而崩，因葬焉，命曰會稽。會稽者，會計也。」裴駰注引《皇覽》曰：「禹冢在山陰縣會稽山上。會稽山本名苗山，在縣南，去縣七里。」《（嘉泰）會稽志》卷六「大禹陵」：「禹巡守江南，上苗山，會稽諸侯，死而葬焉。……劉向書云：禹葬會稽，不改其列，謂不改林木百物之列也。苗山自禹葬後，更名會稽。是山之東，有隴隱若劍脊，西嚮而下，下有窆石，或云此正葬處。」另外，大禹在以會稽山爲中心的越地，還有一系列重大事迹的記載，包括娶妻塗山、得書宛委、畢功了溪、誅殺防風、禪祭會稽、築治邑室等。

以至越王句踐，「其先禹之苗裔，而夏后帝少康之庶子也，封於會稽，以奉守禹之祀」（《史記·越王句踐世家》）。句踐的功績，集中體現在他一系列的改革舉措以及由此而致的强國大業上。

他創造了「法天象地」這一中國古代都城選址與布局的成功範例，奠定了近一個半世紀越國號稱天下强國的基礎，造就了紹興發展史上的第一個高峰，更實現了東周以來中國東部沿海地區暨長江下游地區的首次一體化，讓人們在數百年的分裂戰亂當中，依稀看到了一統天下的希望，爲後來秦始皇統一中國，建立真正大一統的中央政權，進行了區域性的準備。因此，司馬遷稱：「苗裔句踐，苦身焦思，終滅强吴，北觀兵中國，以尊周室，號稱霸王。句踐可不謂賢哉！蓋有禹之遺烈焉。」

千百年來，紹興涌現出了諸多譽滿海内、雄稱天下的思想家，他們的著述世不絶傳、遺澤至今，他們的思想卓犖英發、光彩奪目。哲學領域，聚諸子之精髓，啓後世之思想。政治領域，以家國之情懷，革社會之弊病。經濟領域，重生民之生業，謀民生之大計。教育領域，育天下之英才，啓時代之新風。史學領域，創史志之新例，傳千年之文脉。

紹興是中國古典詩歌藝術的寶庫。四言詩《候人歌》被稱爲「南音之始」。於越《彈歌》是我國文學史上僅存的二言詩。《越人歌》是越地的第一首情歌、中國的第一首譯詩。山水詩的鼻祖，是上虞人謝靈運。唐代，這裏涌現出了賀知章等三十多位著名詩人。宋元時，這裏出了别開詩歌藝術天地的陸游、王冕、楊維楨。

紹興是中國傳統書法藝術的故鄉。鳥蟲書與《會稽刻石》中的小篆，影響深遠。中國的文字成爲藝術品之習尚，文字由書寫轉向書法，是從越人的鳥蟲書開始的。而自王羲之《蘭亭序》之後，紹興更是成爲中國書法藝術的聖地。翰墨碑刻，代有名家精品。

紹興是中國古代繪畫藝術的重鎮。世界上最早彩陶的燒製，展現了越人的審美情趣。「文身斷髮」與「鳥蟲書」，實現了藝術與生活最原始的結合。戴逵與戴顒父子、僧仲仁、王冕、徐渭、陳洪綬、趙之謙、任熊、任伯年等在中國繪畫史上有開宗立派的地位。

一九一二年一月，魯迅爲紹興《越鐸日報》創刊號所作發刊詞中寫道：「於越故稱無敵於天下，海岳精液，善生俊異，後先絡繹，展其殊才；其民復存大禹卓苦勤勞之風，同句踐堅確慷慨之志，力作治生，綽然足以自理。」可見，紹興自古便是中華文化的重要發源地與傳承地，紹興人更是世代流淌着「卓苦勤勞」「堅確慷慨」的精神血脉。

三

紹興有琳琅滿目的文獻，是中華文獻的縮影。

自有文字以來，文獻典籍便成了人類文明與人類文化的基本載體。紹興地方文獻同樣爲中華文明與中華文化的傳承發展，作出了傑出的貢獻。

中華文明之所以成爲世界上唯一没有中斷、綿延至今、益發輝煌的文明，在於因文字的綿延不絶而致的文獻的源遠流長、浩如煙海。中華文化之所以成爲中華民族有别於世界上其他任何民族的顯著特徵並流傳到今天，靠的是中華兒女一代又一代的言傳身教、口口相傳，更靠的是文獻典籍一代又一代的忠實書寫、守望相傳。

無數的甲骨、簡牘、古籍、拓片等中華文獻，無不昭示着中華文明的光輝燦爛、欣欣向榮，無不昭示着中華文化的廣博淵綜、蒸蒸日上。它們既是中華文明與中華文化的基本載體，又是中華文明與中華文化的重要組成部分，是十分重要的物質文化遺産。

紹興地方文獻作爲中華文獻重要的組成部分，積澱極其豐厚，特色十分明顯。

（一）文獻體系完備

紹興的文獻典籍根基深厚，載體體系完備，大體經歷了四個階段的歷史演變。

一是以刻符、紋樣、器型爲主的史前時代。代表性的，有作爲上山文化的小黄山遺址中出土的彩陶上的刻符、印紋、圖案等。

二是以金石文字爲主的銘刻時代。代表性的，有越國時期玉器與青銅劍上的鳥蟲書等銘文、秦《會稽刻石》、漢「大吉」摩崖、漢魏六朝時的會稽磚甓銘文與會稽青銅鏡銘文等。

三是以雕版印刷爲主的版刻時代。代表性的，有中唐時期越州刊刻的元稹、白居易的詩集。唐長慶四年（八二四），浙東觀察使兼越州刺史元稹，在爲時任杭州刺史的好友白居易《白氏長慶集》所作的序言中寫道：「揚、越間多作書模勒樂天及予雜詩，賣於市肆之中也。」這是有關中國刊印書籍的最早記載之一，説明越地開創了「模勒」這一雕版印刷的風氣之先。宋時，兩浙路茶鹽司等機關和紹興府、紹興府學等，競相刻書，版刻業快速繁榮，紹興成爲兩浙乃至全國的重要刻書地，所刻之書多稱「越本」「越州本」。明代，紹興刊刻呈現出了官書刻印多、鄉賢先哲著作和地方文獻多、私家刻印特色叢書多的特點。清代至民國，紹興整理、刊刻古籍叢書成風，趙之謙、平步青、徐友蘭、章壽康、羅振玉等，均有大量輯刊，蔡元培早年應聘於徐家校書達四年之久。

四是以機器印刷爲主的近代出版時期。這一時期呈現出傳統技術與西方新技術並存、傳統出版物與維新圖强讀物並存的特點。代表性的出版機構，在紹興的有徐友蘭於一八六二年創辦的墨潤堂等。另外，吴隱於一九〇四年參與創辦了西泠印社；紹興人沈知方於一九一二年參與創辦了中華書局，還於一九一七年創辦了世界書局。代表性的期刊，有羅振玉於一八九七年在上海創辦的《農學報》，杜亞泉於一九〇一年在上海創辦的《普通學報》，羅振玉於一九〇一年在上海發起、王國維主筆的《教育世界》，杜亞泉等於一九〇二年在上海編輯的《中外算報》，秋瑾於一九〇七年在上海創辦的《中國女報》等。代表性的報紙，有蔡元培於一九〇三年在上海創辦的《俄事警聞》等。

紹興文獻典籍的這四個演進階段，既相互承接，又各具特色，充分彰顯了走在歷史前列、引領時代潮流的特徵，總體上呈現出了載體越來越多元、内涵越來越豐富、傳播越來越廣泛、對社會生活的影響越來越深遠的歷史趨勢。

（二）藏書聲聞華夏

紹興歷史上刻書多，便爲藏書提供了前提條件，因而藏書也多。大禹曾「登宛委山，發金簡之書，案金簡玉字，得通水之理」（《吴越春秋》卷六），還「巡狩大越，見耆老，納詩書」（《越絶書》卷八），這是紹興有關采集收藏圖書的最早記載。句踐曾修築「石室」藏書，「晝書不倦，晦誦竟旦」（《越絶書》卷十二）。

造紙術與印刷術的發明和推廣，使得書籍可以成批刷印，爲藏書提供了極大便利。王充得益於藏書資料，寫出了不朽的《論衡》。南朝梁時，山陰人孔休源「聚書盈七千卷，手自校治」（《梁書·孔休源傳》），成爲紹興歷史上第一位有明文記載的藏書家。唐代時，越州出現了集刻書、藏書、讀書於一體的書院。五代十國時，南唐會稽人徐鍇精於校勘，雅好藏書，「江南藏書之盛，爲天下冠，鍇力居多」（《南唐書·徐鍇傳》）。

宋代雕版印刷術日趨成熟，爲書籍的化身千百與大規模印製創造了有利條件，也爲藏書提供了更多來源。特别是宋室南渡、越州升爲紹興府後，更是出現了以陸氏、石氏、李氏、諸葛氏等爲代表的藏書世家。陸游曾作《書巢記》，稱「吾室之内，或棲於櫝，或陳於前，或枕藉於床，俯仰四顧，無非書者」。《（嘉泰）會稽志》中專設《藏書》一目，説明了當時藏書之風的盛行。元時，楊維楨「積書數萬卷」（《鐵笛道人自傳》）。

明代藏書業大發展，出現了鈕石溪的世學樓等著名藏書樓。其中影響最大的藏書家族，當數山陰祁氏；影響最大的藏書樓，當數祁承㸁創辦的澹生堂，至其子彪佳時，藏書達三萬多卷。

清代是紹興藏書業的鼎盛時期，有史可稽者凡二十六家，諸如章學誠、李慈銘、陶濬宣等。上虞王望霖建天香樓，藏書萬餘卷，尤以藏書家之墨迹與鈎摹鐫石聞名。徐樹蘭創辦的古越藏書樓，以存古開新爲宗旨，以資人觀覽爲初心，成爲中國近代第一家公共圖書館。

民國時，代表性的紹興藏書家與藏書樓有：羅振玉的大雲書庫、徐維則的初學草堂、蔡元培創辦的養新書藏、王子餘開設的萬卷書樓、魯迅先生讀過書的三味書屋等。

根據二〇一六年完成的古籍普查結果，紹興全市十家公藏單位，共藏有一九一二年以前産生的中國傳統裝幀書籍與民國時期的傳統裝幀書籍三萬九千七百七十七種、二十二萬六千一百二十五册，分别占了浙江省三十三萬七千四百零五種的百分之十一點七九、二百五十萬六千六百三十三册的百分之九點零二。這些館藏的文獻典籍，有不少屬於名人名著，其中包括在别處難得見到的珍稀文獻。這是紹興這個地靈人傑的文獻名邦確實不同凡響的重要見證。

一部紹興的藏書史，其實也是一部紹興人的讀書、用書、著書史。歷史上的紹興，刻書、藏書、讀書、月書、著書，良性循環，互相促進，成爲中國文化史上一道亮麗的風景。

（三）著述豐富多彩

紹興自古以來，論道立説、卓然成家者代見輩出，創意立言、名動天下者繼踵接武，歷朝皆有傳世之作，各代俱見槃槃之著。這些文獻，不僅對紹興一地有重要價值，而且也是浙江文化乃至中國古代文化的重要組成部分。

一是著述之風，遍及各界。越人的創作著述，文學之士自不待言，爲政、從軍、業賈者亦多喜筆耕，屢有不刊之著。甚至於鄉野市井之口頭創作、謡歌俚曲，亦代代敷演，蔚爲大觀，其中更是多有内蕴厚重、哲理深刻、色彩斑斕之精品，遠非下里巴人，足稱陽春白雪。

二是著述整理，尤爲重視。越人的著述，包括對越中文獻乃至我國古代文獻的整理。宋孔延之的《會稽掇英總集》，清杜春生的《越中金石記》，近代魯迅的《會稽郡故書雜集》等，都是收輯整理地方文獻的重要成果。陳橋驛所著《紹興地方文獻考録》，是另一種形式的著述整理，其中考録一九四九年前紹興地方文獻一千二百餘種。清代康熙年間，紹興府山陰縣吴楚材、吴調侯叔侄選編的《古文觀止》，自問世以來，一直是古文啓蒙的必備書，也深受古文愛好者的推崇。

三是著述領域，相涉廣泛。越人的著述，涉及諸多領域。其中古代以經、史與諸子百家研核之作爲多，且基本上涵蓋了經、史、子、集的各個分類，近現代以文藝創作爲多，當代則以科學研究論著爲多。這也體現了越中賢傑經世致用、與時俱進的家國情懷。

四

盛世修典，承古啓新，以「紹興」之名，行紹興之實。

紹興這個名字，源自宋高宗的升越州爲府，並冠以年號，時在紹興元年（一一三一）的十月廿六日。這是對這座城市傳統的畫龍點睛。紹興這兩個字合在一起，藴含的正是承繼前業而壯大之、開創未來而昌興之的意思。數往而知來，今天的紹興人正賦予這座城市、這個名字以新的意藴，那就是繼承中華優秀傳統文化，建設中華民族現代文明，爲實現中華民族偉大復興，作出自己新的更大的貢獻。

編纂出版《紹興大典》，正是紹興地方黨委、政府文化自信、文化自覺的體現，是集思廣益、精心實施的德政，是承前啓後、繼往開來的偉業。

（一）科學的決策

《紹興大典》的編纂出版，堪稱黨委、政府科學決策的典範。二〇二〇年十二月十一日，中共紹興市委八屆九次全體（擴大）會議審議通過了關於紹興市「十四五」規劃和二〇三五年遠景目標的建議，其中首次提出要啓動《紹興大典》的編纂出版工作。

二〇二一年二月五日，紹興市第八屆人民代表大會第六次會議批准了市政府根據市委建議編製的紹興市「十四五」規劃和二〇三五年遠景目標綱要，其中又專門寫到要啓動《紹興大典》的編纂出版工作。二月八日，紹興市人民政府正式印發了這個重要文件。

二〇二二年二月二十八日的中共紹興市第九次代表大會市委工作報告與三月三十日的紹興市九屆人大一次會議政府工作報告，均對編纂出版《紹興大典》提出了要求。

二〇二二年九月十五日，紹興市人民政府第十一次常務會議專題聽取了《〈紹興大典〉編纂出版工作實施方案》起草情況的匯報，決定根據討論意見對實施意見進行修改完善後，提交市委常委會議審議。九月十六日，中共紹興市委九屆二十次常委會議專題聽取《〈紹興大典〉編纂出版工作實施方案》起草情况的匯報，並進行了討論，決定批准這個方案。十月十日，中共紹興市委辦公室、紹興市人民政府辦公室正式印發了《〈紹興大典〉編纂出版工作實施方案》。

（二）嚴謹的體例

在中共紹興市委、紹興市人民政府研究批准的實施方案中，《紹興大典》編纂出版的各項相關事宜，均得以明確。

一是主要目標。系統、全面、客觀梳理紹興文化傳承脉絡，收集、整理、編纂、研究、出版紹興地方文獻，使《紹興大典》成爲全國鄉邦文獻整理編纂出版的典範和紹興文化史上的豐碑，爲努力打造「文獻保護名邦」「文史研究重鎮」「文化轉化高地」三張紹興文化的金名片作出貢獻。

二是收録範圍。《紹興大典》收録的時間範圍爲：起自先秦時期，迄至一九四九年九月三十日，部分文獻酌情下延。地域範圍爲：今紹興市所轄之區、縣（市），兼及歷史上紹興府所轄之蕭山、餘姚。內容範圍爲：紹興人的著述，域外人士有關紹興的著述，歷史上紹興刻印的古籍善本和紹興收藏的珍稀古籍善本。

三是編纂方法。對所録文獻典籍，按經、史、子、集和叢五部分類方法編纂出版。

根據實施方案明確的時間安排與階段劃分，在具體編纂工作中，采用先易後難、先急後緩，邊編纂出版、邊深入摸底的方法。即先編纂出版情況明瞭、現實急需的典籍，與此同時，對面上的典籍情況進行深入的摸底調查。這樣的方法，既可以用最快的速度出書，以滿足保護之需、利用之需，又可以爲一些難題的破解争取時間；既可以充分發揮我國實力最强的專業古籍出版社中華書局的編輯出版優勢，又可以充分借助與紹興相關的典籍一半以上收藏於我國古代典籍收藏最爲宏富的國家圖書館的優勢。這是最大限度地避免時間與經費上的重複浪費的方法，也是地方文獻編纂出版工作方法上的創新。

另外，還將適時延伸出版《紹興大典·要籍點校叢刊》《紹興大典·文獻研究叢書》《紹興大典·善本影真叢覽》等。

（三）非凡的意義

正如紹興的文獻典籍在中華文獻典籍史上具有重要的影響那樣，編纂出版《紹興大典》的意義，同樣也是非同尋常的。

一是編纂出版《紹興大典》，對於文獻典籍的更好保護——活下來，具有非同尋常的意義。歷史上的文獻典籍，是中華文明歷經滄桑留下的最寶貴的東西。然而，這些瑰寶或因天災人禍，或因自然老化，或因使用過度，或因其他緣故，有不少已經處於岌岌可危甚至奄奄一息的境況。

編纂出版《紹興大典》，可以爲系統修復、深度整理這些珍貴的古籍争取時間；可以最大限度呈現底本的原貌，緩解藏用的矛盾，更好地方便閱讀與研究。這是文獻典籍眼下的當務之急，最好的續命之舉。

二是編纂出版《紹興大典》，對於文獻典籍的更好利用——活起來，具有非同尋常的意義。歷史上的文獻典籍，流傳到今天，實屬不易，殊爲難得。它們雖然大多保存完好，其中不少還是善本，但分散藏於公私，積久塵封，世人難見；也有的已成孤本，或至今未曾刊印，僅有稿本、抄本，秘不示人，無法查閲。

編纂出版《紹興大典》，將穿越千年的文獻、深庋密鎖的秘藏、散落全球的珍寶匯聚起來，化身萬千，走向社會，走近讀者，走進生活，既可防它們失傳之虞，又可使它們嘉惠學林，也可使它們古爲今用，文旅融合，還可使它們延年益壽，推陳出新。這是於文獻典籍利用一本萬利、一舉多得的好事。

三是編纂出版《紹興大典》，對於文獻典籍的更好傳承——活下去，具有非同尋常的意義。歷史上的文獻典籍，能保存至今，是先賢們不惜代價，有的是不惜用生命爲代價换來的。對這些傳承至今的古籍本身，我們應當倍加珍惜。

編纂出版《紹興大典》，正是爲了述録先人的開拓，啓迪來者的奮鬥，使這些珍貴古籍世代相傳，使藴藏在這些珍貴古籍身上的中華優秀傳統文化世代相傳。這是中華文化創造性轉化、創新性發展的通途所在。

編纂出版《紹興大典》，是紹興文化發展史上的曠古偉業。編成後的《紹興大典》，將成爲全國範圍内的同類城市中，第一部收録最爲系統、内容最爲豐贍、品質最爲上乘的地方文獻集成。

紹興這個地方，古往今來，都在不懈超越。超乎尋常，追求卓越。超越自我，超越歷史。《紹興大典》的編纂出版，無疑會是紹興文化發展史上的又一次超越。

道阻且長，行則將至；行而不輟，成功可期。「後之視今，亦猶今之視昔」；「後之覽者，亦將有感於斯文」（《蘭亭集序》）。讓我們一起努力吧！

馮建榮

二〇二三年六月十日，星期六，成稿於寓所

二〇二三年中秋、國慶假期，校改於寓所

編纂説明

紹興古稱會稽，歷史悠久。

大禹治水，畢功了溪，計功今紹興城南之茅山（苗山），崩後葬此，此山始稱會稽，此地因名會稽，距今四千多年。

大禹第六代孫夏后少康封庶子無餘於會稽，以奉禹祀，號曰「於越」，此爲吾越得國之始。《竹書紀年》載，成王二十四年，於越來賓。是亦此地史載之始。

距今兩千五百多年，越王句踐遷都築城於會稽山之北（今紹興老城區），是爲紹興建城之始，於今城不移址，海内罕有。

秦始皇滅六國，御海内，立郡縣，成定制。是地屬會稽郡，郡治爲吴縣，所轄大率吴越故地。東漢順帝永建四年（一二九），析浙江之北諸縣置吴郡，是爲吴越分治之始。會稽名仍其舊，郡治遷山陰。由隋至唐，會稽改稱越州，時有反復，至中唐後，「越州」遂爲定稱而至於宋。所轄時有增減，至五代後梁開平二年（九〇八），吴越析剡東十三鄉置新昌縣，自此，越州長期穩定轄領會稽、山陰、蕭山、諸暨、餘姚、上虞、嵊縣、新昌八邑。

建炎四年（一一三〇），宋高宗趙構駐蹕越州，取「紹奕世之宏庥，興百年之丕緒」之意，下詔從建炎五年正月改元紹興。紹興元年（一一三一）十月己丑升越州爲紹興府，斯地乃名紹興，沿用至今。

歷史的悠久，造就了紹興文化的發達。數千年來文化的發展、沉澱，又給紹興留下了燦爛的文化載體——鄉邦文獻。保存至今的紹興歷史文獻，有方志著作、家族史料、雜史輿圖、文人筆記、先賢文集、醫卜星相、碑刻墓誌、摩崖遺存、地名方言、檔案文書等不下三千種，可以説，凡有所録，應有盡有。這些文獻從不同角度記載了紹興的山川地理、風土人情、經濟發展、人物傳記、著述藝文等各個方面，成爲人們瞭解歷史、傳承文明、教育後人、建設社會的重要參考資料，其中許多著作不僅對紹興本地有重要價值，也是江浙文化乃至中華古代文化的重要組成部分。

紹興歷代文人對地方文獻的探尋、收集、整理、刊印等都非常重視，並作出過不朽的貢獻，陳橋驛先生就是代表性人物。正是在他的大力呼籲下，時任紹興縣政府主要領導作出了編纂出版《紹興叢書》的決策，爲今日《紹興大典》的編纂出版積累了經驗，奠定了基礎。

時至今日，爲貫徹落實習近平總書記系列重要講話精神，奮力打造新時代文化文明高地，重輝「文獻名邦」，中共紹興市委、市政府毅然作出編纂出版《紹興大典》的決策部署。延請全國著名學者樓宇烈、袁行霈、安平秋、葛劍雄、吴格、李岩、熊遠明、張志清諸先生參酌把關，與收藏紹興典籍最豐富的國家圖書館等各大圖書館以及專業古籍出版社中華書局展開深度合作，成立專門班子，精心規劃組織，扎實付諸實施。《紹興大典》是地方文獻的集大成之作，出版形式以紙質書籍爲主，同步開發建設數據庫。其基本内容，包括以下三方面：

一、《紹興大典》影印精裝本文獻大全。這方面内容囊括一九四九年前的紹興歷史文獻，收録的原則是「全而優」，也就是文獻求全收録；同一文獻比對版本優劣，收優斥劣。同時特別注重珍稀性、孤罕性、史料性。

《紹興大典》影印精裝本收録範圍：

時間範圍：起自先秦時期，迄至一九四九年九月三十日，部分文獻可酌情下延。

地域範圍：今紹興市所轄之區、縣（市），兼及歷史上紹興府所轄之蕭山、餘姚。

内容範圍：紹興人（本籍與寄籍紹興的人士、寄籍外地的紹籍人士）撰寫的著作，非紹興籍人士撰寫的與紹興相關的著作，歷史上紹興刻印的古籍珍本和紹興收藏的古籍珍本。

《紹興大典》影印精裝本編纂體例，以經、史、子、集、叢五部分類的方法，對收録範圍内的文獻，進行開放式收録，分類編輯，影印出版。五部之下，不分子目。

經部：主要收録經學（含小學）原創著作；經校勘校訂，校注校釋，疏、證、箋、解、章句等的經學名著；爲紹籍經學家所著經學著作而撰的著作，等等。

史部：主要收録紹興地方歷史書籍，重點是府縣志、家史、雜史等三個方面的歷史著作。

子部：主要收録專業類書，比如農學類、書畫類、醫卜星相類、儒釋道宗教類、陰陽五行類、傳奇類、小説類，等等。

集部：主要收録詩賦文詞曲總集、别集、專集，詩律詞譜，詩話詞話，南北曲韻，文論文評，等等。

叢部：主要收録不入以上四部的歷史文獻遺珍、歷史文物和歷史遺址圖録彙總、戲劇曲藝脚本、報章雜志、音像資料等。不收傳統叢部之文叢、彙編之類。

《紹興大典》影印精裝本在收録、整理、編纂出版上述文獻的基礎上，同時進行書目提要的撰寫，並細編索引，以起到提要鈎沉、方便實用的作用。

二、《紹興大典》點校研究及珍本彙編。主要是《紹興大典》影印精裝本的延伸項目，形成三個成果，即《紹興大典·要籍點校叢刊》《紹興大典·文獻研究叢書》《紹興大典·善本影真叢覽》三叢。

選取影印出版文獻中的要籍，組織專家分專題開展點校等工作，排印出版《紹興大典·要籍點校叢刊》；及時向社會公布推出出版文獻書目，開展《紹興大典》收録文獻研究，分階段出版研究成果《紹興大典·文獻研究叢書》；選取品相完好、特色明顯、内容有益的優秀文獻，原版原樣綫裝影印出版《紹興大典·善本影真叢覽》。

三、《紹興大典》文獻數據庫。以《紹興大典》影印精裝本和《紹興大典·要籍點校叢刊》《紹興大典·文獻研究叢書》《紹興大典·善本影真叢覽》三叢爲基幹構建。同時收録大典編纂過程中所涉其他相關資料，未用之版本，書佚目存之書目等，動態推進。

《紹興大典》編纂完成後，應該是一部體系完善、分類合理、全優兼顧、提要鮮明、檢索方便的大型文獻集成，必將成爲地方文獻編纂的新範例，同時助力紹興打造完成「歷史文獻保護名邦」「地方文史研究重鎮」「區域文化轉化高地」三張文化金名片。

《紹興大典》在中共紹興市委、市政府領導下組成編纂工作指導委員會，組織實施並保障大典工程的順利推進，同時組成由紹興市爲主導、國家圖書館和中華書局爲主要骨幹力量、各地專家學者和圖書館人員爲輔助力量的編纂委員會，負責具體的編纂工作。

《紹興大典》編纂委員會

二〇二三年五月

史部編纂説明

紹興自古重視歷史記載，在現存數千種紹興歷史文獻中，史部著作占有極爲重要的位置。因其内容豐富、體裁多樣、官民兼撰的特點，成爲《紹興大典》五大部類之一，而别類專纂，彙簡成編。

按《紹興大典·編纂説明》規定：「以經、史、子、集、叢五部分類的方法，對收録範圍内的文獻，進行開放式收録，分類編輯，影印出版。五部之下，不分子目。」「史部：主要收録紹興地方歷史書籍，重點是府縣志、家史、雜史等三個方面的歷史著作。」

紹興素爲方志之鄉，纂修方志的歷史較爲悠久。據陳橋驛《紹興地方文獻考録》（浙江人民出版社，一九八三年版）統計，僅紹興地區方志類文獻就「多達一百四十餘種，目前尚存近一半」。在最近三十多年中，紹興又發現了不少歷史文獻，堪稱卷帙浩繁。

據《紹興大典》編纂委員會多方調查掌握的信息，府縣之中，既有最早的府志——南宋二志《（嘉泰）會稽志》和《（寶慶）會稽續志》，也有最早的縣志——宋嘉定《剡録》；既有耳熟能詳的《（萬曆）紹興府志》，也有海内孤本《（嘉靖）山陰縣志》；更有寥若晨星的《永樂大典》本《紹興府志》，等等。存世的紹興府縣志，明代纂修並存世的萬曆爲最多，清代纂修並存世的康熙爲最多。

家史資料是地方志的重要補充，紹興地區家史資料豐富，《紹興家譜總目提要》共收録紹興相關家譜資料三千六百七十九條，涉及一百七十七個姓氏。據二〇〇六年《紹興叢書》編委會對上海圖書館藏紹興文獻的調查，上海圖書館館藏的紹興家史譜牒資料有三百多種，據紹興圖書館最近提供的信息，其館藏譜牒資料有二百五十多種，一千三百七十八册。紹興人文薈萃，歷來重視繼承弘揚耕讀傳統，家族中尤以登科進仕者爲榮，每見累世科甲、甲第連雲之家族，如諸暨花亭五桂堂黄氏、山陰狀元坊張氏，等等。家族中每有中式，必進祠堂，祭祖宗，禮神祇，乃至重纂家乘。因此纂修家譜之風頗盛，聯宗聯譜，聲氣相通，呼應相求，以期相將相扶，百世其昌，因此留下了浩如煙海、簡册連編的家史譜牒資料。家史資料入典，將遵循「姓氏求全，譜目求全，譜牒求優」的原則遴選。

雜史部分是紹興歷史文獻中内容最豐富、形式最多樣、撰者最衆多、價值極珍貴的部分。記載的内容無比豐富，撰寫的體裁多種多樣，留存的形式面目各異。其中私修地方史著作，以東漢袁康、吴平所輯的《越絶書》及稍後趙曄的《吴越春秋》最具代表性，是紹興現存最早較爲系統完整的史著。

雜史部分的歷史文獻，有非官修的專業志、地方小志，如《三江所志》《倉帝廟志》《螭陽志》等；有以韻文形式撰寫的如《山居賦》《會稽三賦》等；有碑刻史料如《會稽刻石》《龍瑞宫刻石》等；有詩文游記如《沃洲雜詠》等；有珍貴的檔案史料如《明浙江紹興府諸暨縣魚鱗册》等；有名人日記如《祁忠敏公日記》《越縵堂日記》等；有綜合性的歷史著作如海内外孤本《越中雜識》等；也有鉤沉稽古的如《虞志稽遺》等。既有《救荒全書》《欽定浙江賦役全書》這樣專業的經濟史料，也有《越中八景圖》這樣的圖繪史料等。舉凡經濟、人物、教育、方言風物、名人日記等，應有盡有，不勝枚舉。尤以地理爲著，諸如山川風物、名勝古迹、水利關津、衛所武備、天文医卜等，莫不悉備。

這些歷史文獻，有的是官刻，有的是坊刻，有的是家刻。有特别珍貴的稿本、鈔本、寫本，也有珍稀孤罕首次面世的史料。由於《紹興大典》的編纂出版，這些文獻得以呈現在世人面前，俾世人充分深入地瞭解紹興豐富多彩的歷史文化。受編纂者學識見聞以及客觀條件之限制，難免有疏漏錯訛之處，祈望方家教正。

《紹興大典》編纂委員會
二〇二三年五月

康熙 上虞縣志 二十卷，首一卷

〔清〕鄭僑修，〔清〕唐徵麟等纂

清康熙十年（一六七一）刻本

影印説明

《（康熙）上虞縣志》二十卷首一卷，清鄭僑修，清唐徵麟等纂。清康熙十年（一六七一）刻本。半葉九行行二十字，小字雙行同，白口，單魚尾，左右雙邊，有圖。原書版框尺寸高20.6釐米，寬15.2釐米。書前有康熙十年紹興府知事張三異序、上虞縣知事鄭僑序，另有紹興府頒發修志公檄及凡例。

鄭僑，號博物，湖南祁陽人，順治十八年（一六六一）進士，《（光緒）上虞縣志》有其小傳，曰：「康熙初知虞事，一意撫字，凡有利於民者，無不爲。……八年，修縣城。十年，輯縣志，延邑士唐徵麟輩分纂之。」唐徵麟，字公振，上虞人，順治十四年（一六五七）鄉薦，選府教授，舉人。

此次影印，以上海圖書館藏本爲底本。原書有鈔配，鈔配葉如下：卷二第二十七、二十八葉，卷七第十三、十四葉，卷十第二十葉，卷十一第一、二葉，卷十二第十一、十二葉，卷十三第二十二葉，卷十五第四十六葉，卷十九第七葉，卷二十第三十一葉。另據《中國地方志聯合目録》，國家圖書館、天津圖書館、南京圖書館等亦有收藏。

上虞縣志序

古聖人治世之書大者稱典者册也丌而尊焉下者或象物使民知神奸烏覩所謂稗官說文者乎而竹書誕太甲穆傳荒

崑崙正史弗登故天官曰書地理曰志志從地也從地則親下親下則長民者事凡麗乎地與不麗乎地皆得因地以綱維之忠孝可傳緒豳風七月之詩以

進輿圖王會者等今之志虞邑則何如哉夫虞聖風也虞之後不復有虞胡爲乎林林陳而歷矣吳季子觀樂至十五國多所予奪爲之歌箾韶則曰觀止蓋

韶之後無韶則虞之後亦復無虞越何以虞哉雖然天下有治人無治法太羮之味淡朱絃之聲一唱而三歎欲以虞之治治今猶之以結繩治虞也不得也

妹土何風孟侯作而明德慎罰
可以移舊俗箕子封朝鮮司馬
相如入邛筰風教不殊于遠近
鄒夫佩聖人之遺如虞邑者田
齊田黍與稷翼弗弱于鄰書在

上庠禮在瞽宗發而爲服古匡時之器輩相望也何越之非虞抑虞之爲言樂也猶之唐言廣夏言大推其說而堯堯舜舜禹寓義有取爾虞何弗樂乎然則

有邑而樂之樂有虞則樂有志
民其解慍而阜財者乎地其襲
鼓而軒舞者乎俗其家底豫而
户夔傈者乎昔有虞氏以孝治
天下菁華而未竭矣考古者曰

舜生于東土孟夫子曰諸馮諸馮則誠東矣其爲九州之揚與青無深辨者而越之東水曰姚江著其姓津曰百官著其事邑之爲虞有自來矣逾于百年曹

女以孝稱亦名其江漢篆唐歌詳禹而畧舜詳會稽而畧虞邑葢闕如也然豈與夕陽古社荒草殘碑同一弔古而已哉昔有志今則新之是可以序　昔

康熙十年三月上浣

賜進士第中憲大夫知紹興府事

漢陽張三異謹撰

上虞縣志序

虞邑乘之失記逾六十年所矣然井疆如舊山川依然其間嘯聚之所躙鋒鏑之所加城廓廬舍之成毁何狀戶口之耗息幾

何數也官長之撫字而教誨者善否奚政西門豹鄧晨之蹟可復講與民力不殫與風俗大復古與譽髦登進奚若物產之阜蕃孰最也豈無狷志表於當年

或有高情寄諸巖壑然則虞志之當編緝信不容緩矣茲

太府漢陽張公綜貫經史旁暢百家登會稽探禹穴陟秦望之高岑想沼吳之餘烈行山陰道

上寺禊蘭亭把王謝之風流如相把臂凡曩昔奇蹤勝槩靡不展至而神往之尤喜汲人才訪謡俗與利舉廢討求掌故欲使八百里土風人物輙一覽而囊

括於目中故於方輿記載尤所重爰下教屬邑集思者彥採綴遺聞裒成信典余惟虞舜封舊壤延袤百里襟帶長江面山負海金罍櫃燕仙人之都居釣臺

東山名賢之古宅湖光練明海濤霜白誠越邑之巨麗也固宜有雅人雄筆揚扢簡書夫述往事貽來者别白是非采善而貶惡良史之事也稽古右文修舉

修墜考見民間得失以正風俗有司之職也余雖忸良史之才敢瘝有司之職乃延邑紳唐徐謝趙鍾諸君恪脊斯事所不敢者有五所難者有三不敢以曲

筆貿眞不敢以柔腸阿俗不敢
孤行一意以扞羣是不敢苟爲
兩可以墮疑城不敢怙一日予
奪之權竟顛千古是非之案比
事屬詞難於簡而盡論定指歸

難於婉而章考古斷疑難於辨
而核存其互不敢去此二難處
幾評裁確苦記著麗明然後懸
諸國門傳之來葉可以釋其責
負免於陻浭六十餘年之闕略

燦然於圖牒間所以燁心民社

而黼黻

新朝者不無少補云

昔

康熙十年三月上浣

賜進士第文林郎知上虞縣事祈

陽鄭僑謹撰

紹興府頒發修志公檄

稽尚殊風太史勤輶軒之採山川異勢職方辨物土之宜故郡邑有志而邑有乘傳稽詳載燦如指掌凡善可錄而節可嘉求今往古較若列眉蓋欲臨民者攷鏡其得失調寬濟猛無難整區而範俗抑令在下者勸懲夫貞淫出作入息歷幾遵路以格心誠政治之攸關洵風化之首務也越爲浙省名區東南都會山川秀麗俊髦蔚輿八郡之文章風雅數傳之節義勳名雖從嘉泰四百餘年以來垂

訂固有傳書然自孫張兩大君子而後遠湮不無闕載況乎

本朝景運開新風俗移易損益之善多端因革之政不一不佞濫竽茲土吏治無長振鐸斯邦經術實短折衷文獻顧借掌故之前車披覽輿圖盡屬荒蕪之斷簡續凫絕鶴致損全書玄豕魯魚尤乖原編今復因循不舉以待後人恐後人仍待後人終爲抱殘守缺前既荏苒不修以至今日必今日無貸今日乃見踵事增華爲此布告

薦紳先生遍諭通庠多士逖稽已往悉訪今茲如
事蹟卓犖行誼邁絶以及泉石佳勝山水靈奇或
前此未經闡揚亟用搜羅或今茲欲登紀載更須
攷訂據實開呈以憑採納共勷盛事勿負虚懷非
徒炫奇淹雅之林聊爲巡方問俗之助云耳

計開

一八邑各爲一志以郡志冠其首分之則爲邑志
合之則爲郡志

一逐項分彙一疆域一城池一署廨一山川一圖

書

一古蹟一物產一風俗一災祥一田賦一水利一學校一祠祀一武備一職官一選舉一人物一序志凡十八則

一每縣各舉博雅淹通者數人不拘紳衿隱逸高賢共勷盛美

一預備剞劂工價若干紙張筆墨若干廩餼膏火諸費若干

一選項分任仰藉多賢中以若干位總其成以若

干位管疆域城池署廨山川圖畫古蹟六事以若
干位管物產風俗災祥田賦水利學校六事以若
干位管祠祀武備職官選舉人物序志六事庶各
有專責不致推諉速觀厥成
一選擇寬大清靜公所衆位齊集其中日夜攷訂
庶志專而業精
一出示曉諭採訪稗乘野史及忠孝節烈等事以
備攷錄

上虞縣知縣　　祁陽鄭　僑纂輯

上虞縣儒學署教諭事舉人四明姜岳佐

上虞縣縣丞　神木王衡才

邑舉人唐徵麟

貢生徐增燦

謝　僑訂修

趙履辨

鍾　爕校閱

上虞縣　典史富平張鳳麒督梓

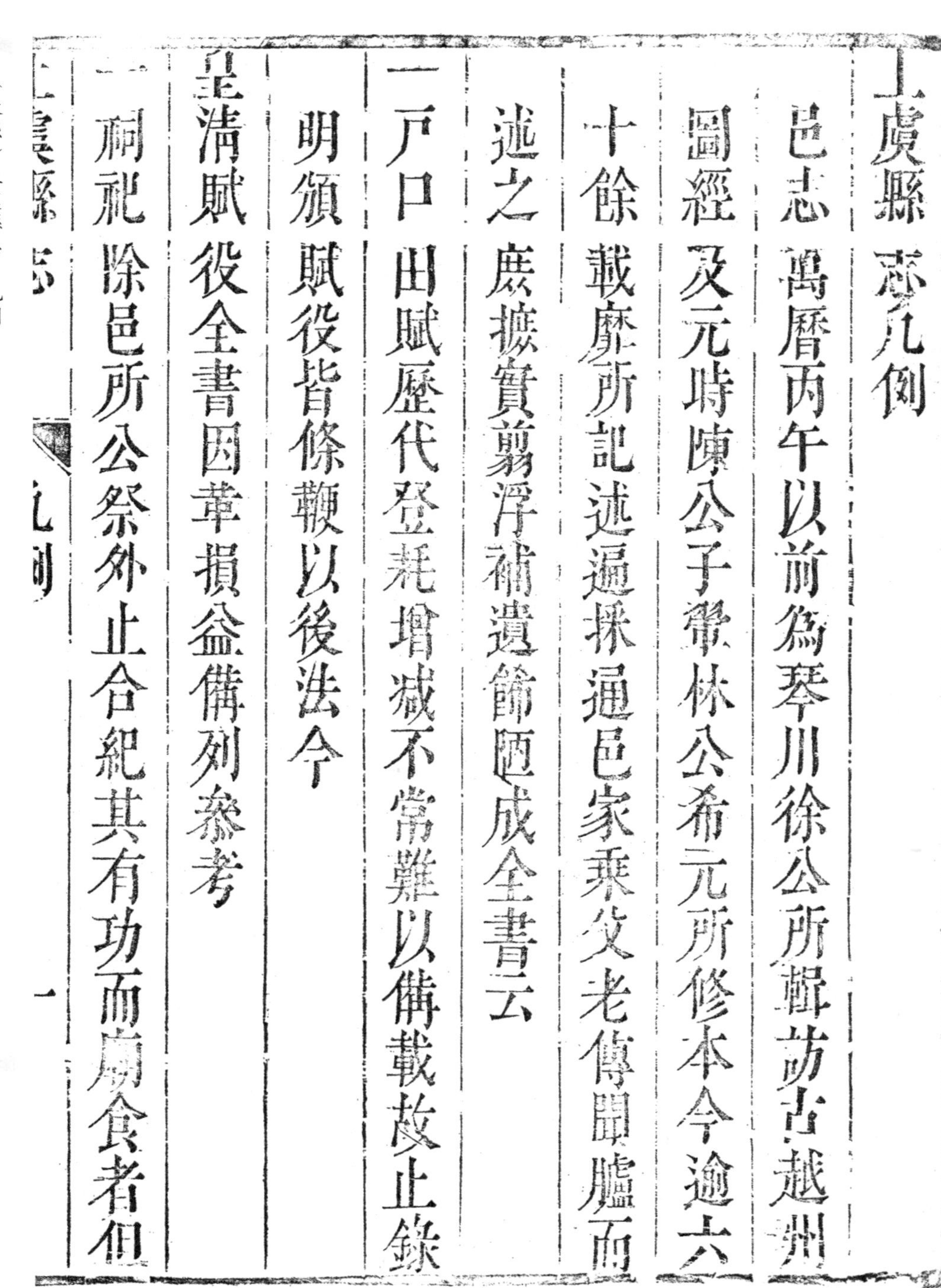

上虞縣志凡例

一邑志萬曆丙午以前爲琴川徐公所輯攷古越州圖經及元時陳公子翬林公希元所修本今逾六十餘載歷所記述遍採通邑家乘父老傳聞臚而述之庶據實芟浮補遺飾陋成全書云

一戸口田賦歷代登耗增減不常難以備載故止錄明頒賦役皆條鞭以後法今

皇清賦役全書因革損益備列叅考

一祠祀除邑所公祭外止合紀其有功而廟食者但

上虞縣志　凡例　一

里社祠爲土穀歆响著於神叢既不可刪又不可
例之寺觀故隨地附見焉
一山川舊止書某山屬某都某水見某地似不雅馴
今隨其脉絡形勢叙次成編以備一邑之勝
一詩文俱附各項下如公署建置題名等記山川寺
觀遊咏諸篇擇其雅正者存之而芟其浮蔓歸之
簡雅至如誥勅贈遺之文遍不具載
一人物律古貴嚴取節尚廣剡增美其先者人情乎
故特爲持衡不敢濫徇在昔名賢悉依舊志其在

舊志後者取鄉評所論定名家之狀志而傳之不及傳者表之若賢而倘存例竢蓋棺以入

一節婦多收貧寠者以其易奪而不能搖也故不盡取重於旌間借譽於椽筆世無巳寡婦安能得奏王爲築懷淸臺耶倘以其無聞而棄之將婦節不在委巷矣

一流寓書其賢而知名者山川之間曾一寄跡不嫌並載如春秋之陶朱公及唐之賀監宋之文公是巳若支靖康樂諸公久居而祀于鄉賢亦稱虞人

矣

一水利農政所急矧以虞邑之高阜猶不可不講者然北鄉三湖其蹟最古而其利害爲最鉅故其事較他湖陂爲特詳重農也

一古蹟多譌如小江指石風土記以爲舜所生之里焦氏五夫會稽賦以爲秦所封之松蔡之墓也而伯喈謝之墓也而安石皆無故實祇庸傳訛

一內分十大款款具有條若綱之有目庶便尋覽其間有一事而再三見者以各有所屬雖繁而實不

可殺也故詳畧其辭以分賓主惟觀者自得之

上虞縣志目錄

卷之一

輿地志一　境圖　沿革　分野　疆域

坊都

卷之二

輿地志二　山川　形勢　風俗

卷之三

輿地志三　水利

卷之四

輿地志四　水利

卷之五

建置志一　城池　[illegible]

卷之六

建置志二　屬署　祠祀　倉厫　郵舖

卷之七

建置志三　橋渡　行市　義塚

卷之八

食貨志一　戶口　田土　賦役

卷之九

食貨志二　物產　匠班　鹽課　礦務　鋪稅　漁稅　軍政
卷之十
官師志一　秩官
卷之十一
官師志二　名宦　宦蹟
卷之十二
選舉志一　薦辟　歲貢　鄉舉
卷之十三
選舉志二　進士　武職　封廕

卷之十四
人物志一 鄉賢
卷之十五
人物志二 名賢
卷之十六
人物志三 忠烈 直諫 理學
卷之十七
人物志四 孝義 隱逸
卷之十八

人物志五　文苑　國戚　烈女　寓賢　仙釋
卷之十九
典籍志　著述　詩文　碑刻
古蹟志　墳墓　地名　器物
卷之二十
叢林志　寺觀　庵院
雜紀志　軼事　方伎　災祥

上虞縣志目録終

上虞縣總圖
臨山衛
一百壩
烏盆舖
烏盆壩
五都
四都
夏蓋舖
巡檢司
五車堰
三都
二都
鎮都
羅巖
大渣湖
新壩
一都
奎文塔
南門
龍王堂
舊壩
二十二都
二十三都
西門
天地壇
百樓山
鳳鳴山
仙姑洞
上舍嶺
二十都
十八都
十六都
十五都
十九都

净中寺
夏盖山
夏盖湖
荷花蕩
六都
七都
八都
九都
十都
十一都
十二都
十三都
十四都
十七都
東山
龍山
白馬湖
上妃湖
皂李湖
沙湖
洪山湖
西溪湖
瑞象寺
義塚
三十都

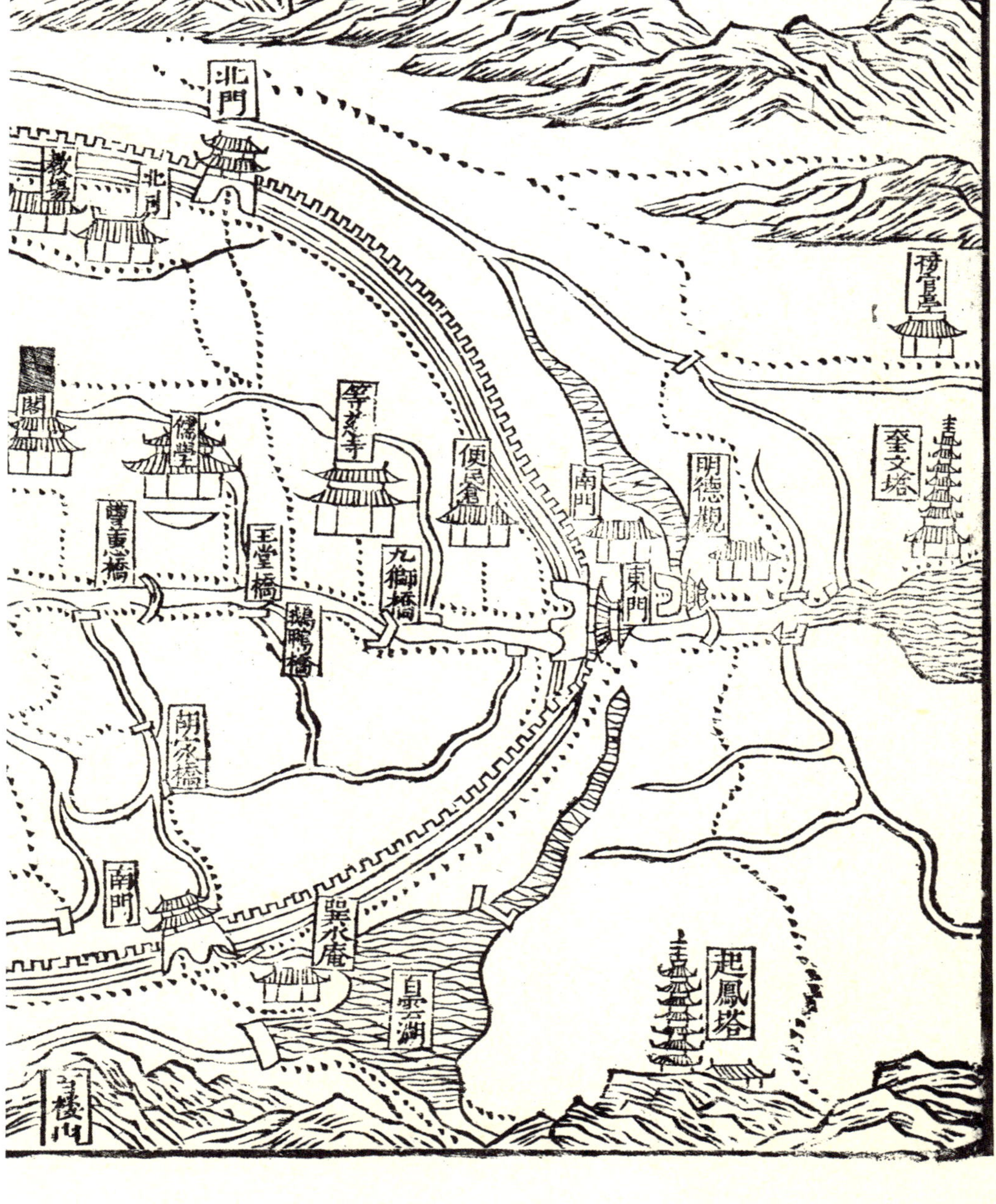
五門圖
羅巖山
北門
教場
北門
接官亭
閣
儒學
等慈寺
便民倉
南門
明德觀
奎文塔
玉堂橋
東門
鵝鴨橋
胡家橋
南門
巽水庵
起鳳塔

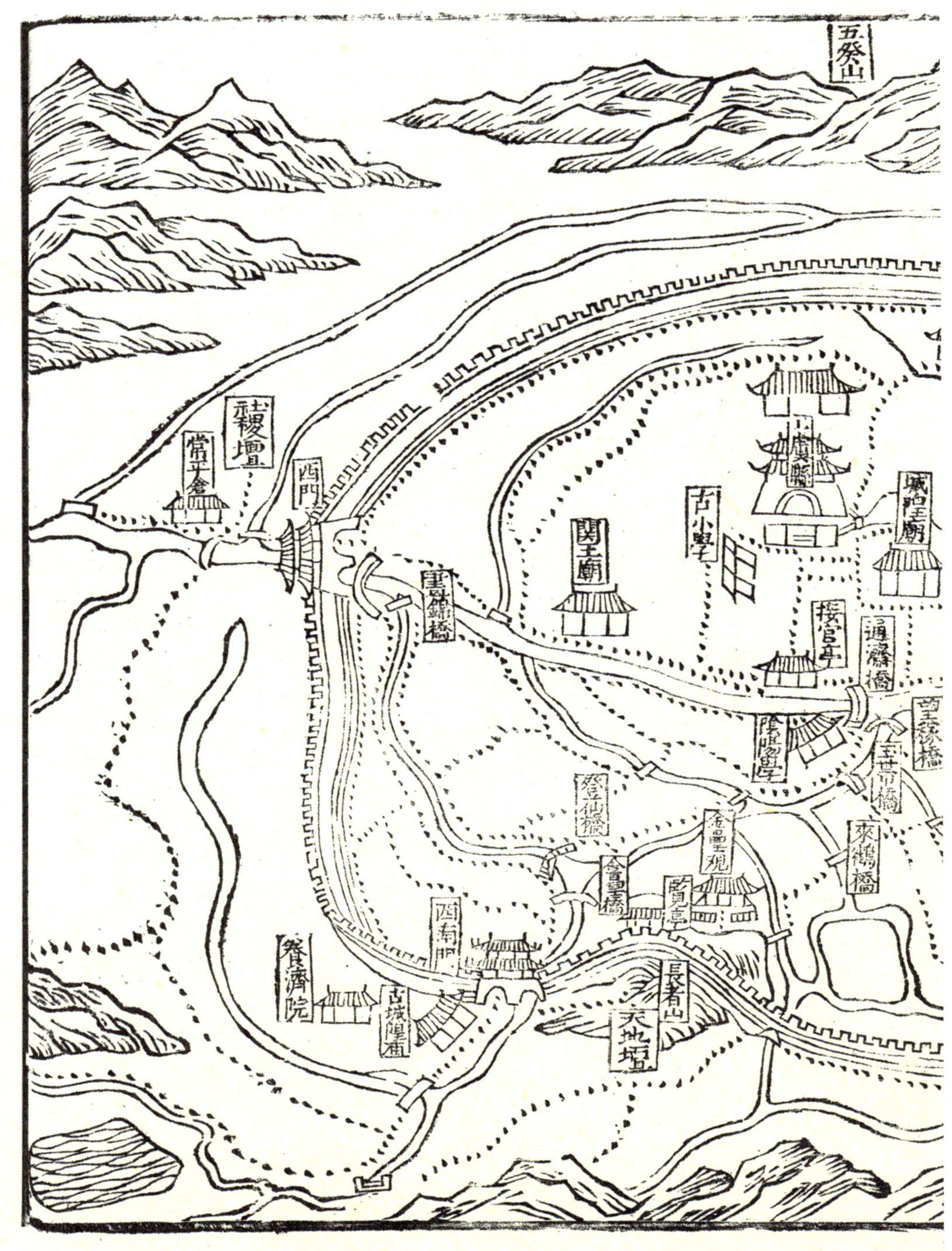
五發山
社稷壇
常平倉
西門
関王廟
古小學
城隍廟
接官亭
通濟橋
陰陽學
登仙橋
金鼎觀
來鶴橋
西南門
養濟院
古城隍廟
長耆山
天地壇

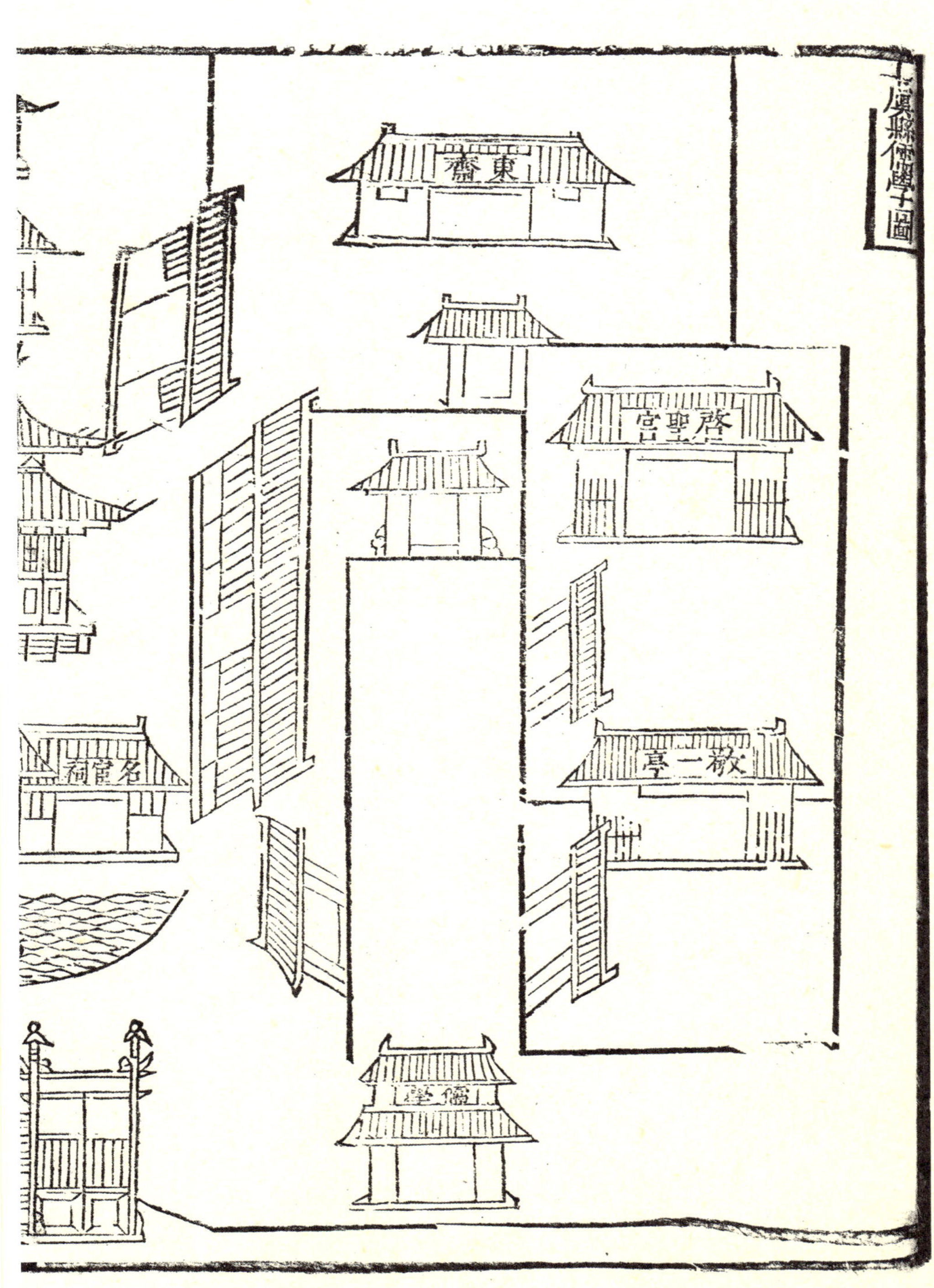
上虞縣儒學圖
東齋
啓聖宮
敬一亭
名宦祠
儒學

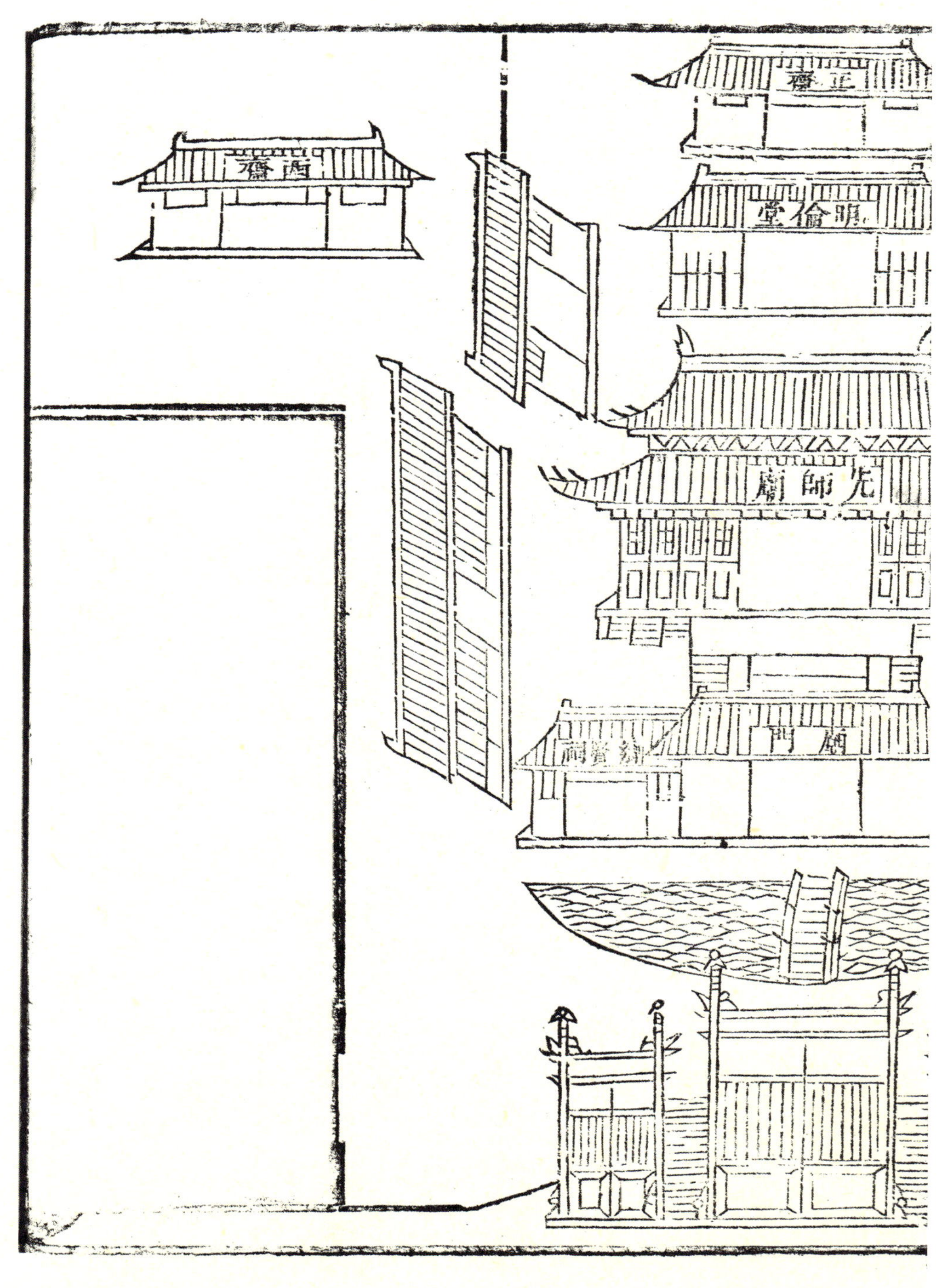
正齋
西齋
明倫堂
先師廟
鄉賢祠
廟門

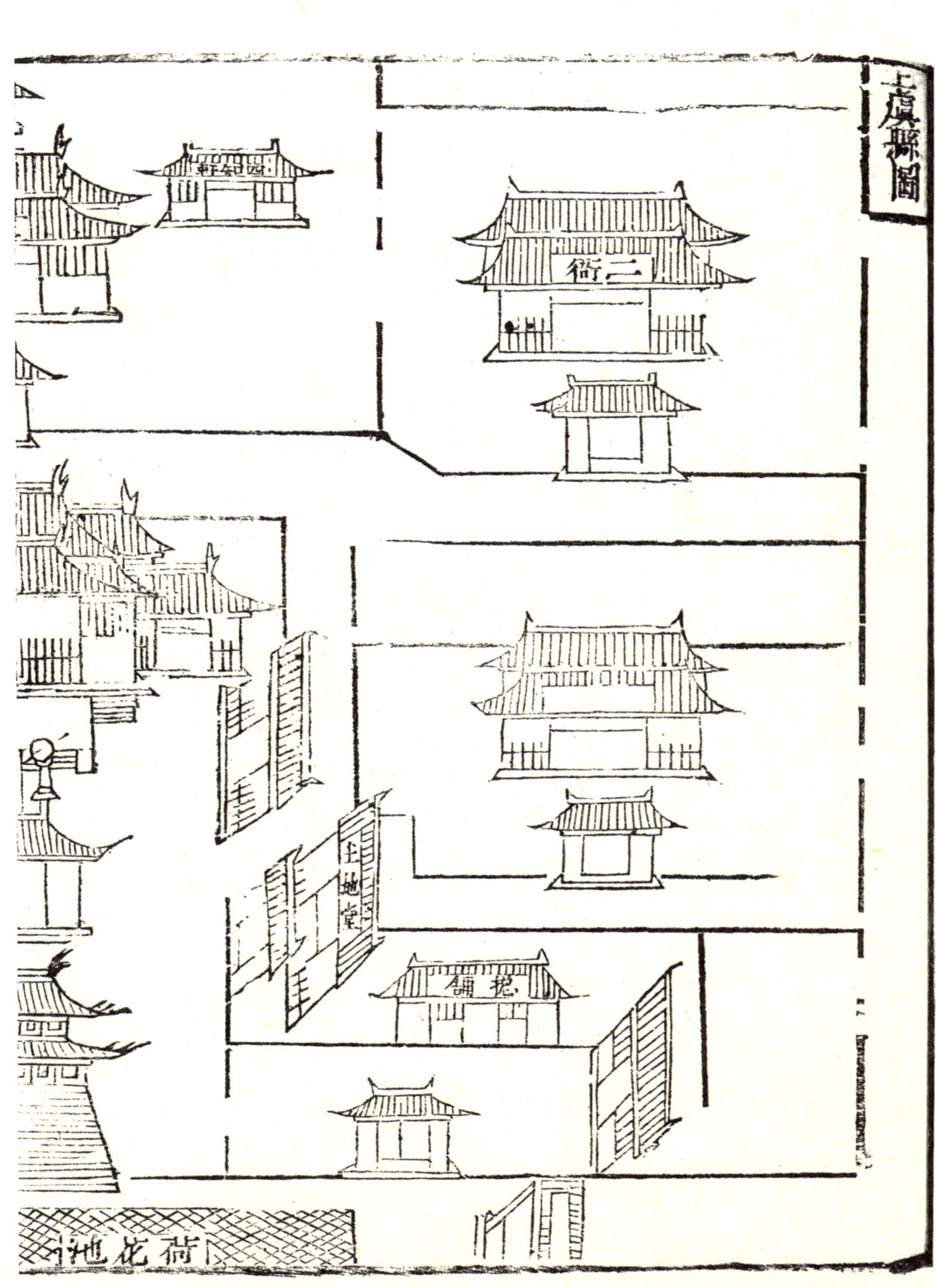
上虞縣圖
四知軒
二衙
土地堂
捕舖
荷花池

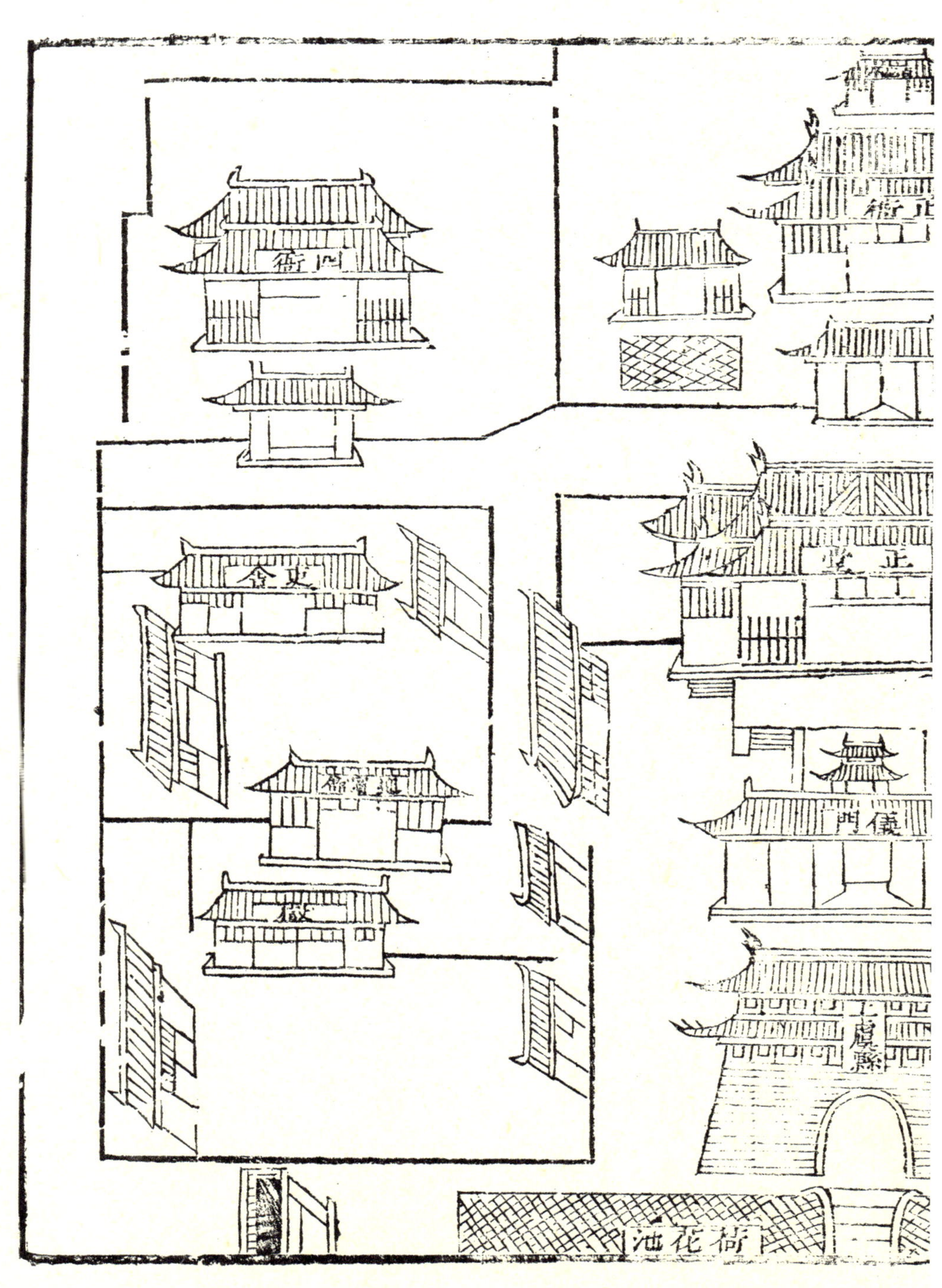
西衙
吏舍
獄
正衙
正堂
儀門
荷花池

羅巖山圖
清隱庵

鳳鳴山圖
仙姑祠
鳳鳴溪
起鳳塔

觀水亭
仙姑祠

龕山
沙湖

東山寺圖
東眺
大石門
琵琶洲

四州堂
茶亭
小石門

夏蓋湖圖
淨中寺
五都
四都
橫山
東
嘉福寺
桐山
福祈山
方村溝
李長官溝
杜譙溝
曹稽溝
斗門溝
徐少溝
桐山溝
河清溝
孔徑溝
張令溝
蓋山溝
鏡潭
馬家山
荷葉山
洋山
七長山
鯉魚山
蔣家山
嚴家陂
小穴堰
小穴閘
牛頭山
三都
驛亭
五夫鎮
石堰
白馬湖

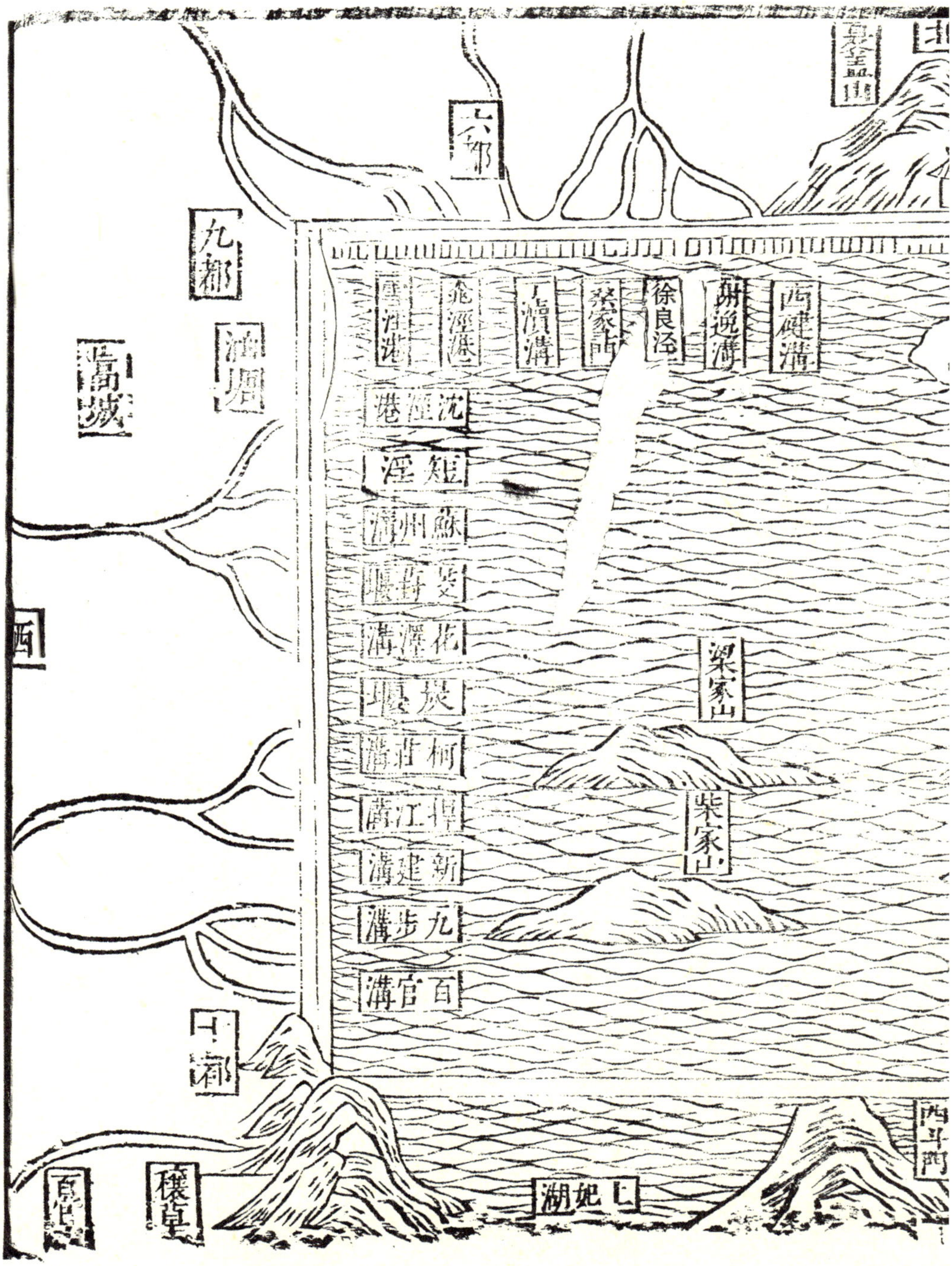

九都
六都
十都
西
西健溝
徐良涇
短涇
新建溝
九步溝
百官溝
梁家山
柴家山

上妃白馬二湖圖
福仙寺
明教寺
楊家溪
大板山
龍山
旌教寺
潘家斗
上妃湖
洗馬山
弓家山
九卿山
馬尾跳
佛跡山
西斗門
西
北
百官

法界寺
遺德廟
笄山
雲門寺
五大夫市
蘭亭山
蒸溪
橫塘庵
掛幞山
月山
太祖廟
釣臺山
孔堰
銀山
石灶
白馬湖
玉几山
廟峽
癸巳山
塔山
羊山
高家山
石堰
驛亭
夏蓋湖

上虞縣志首卷

舊序一

張叔溫至正戊子

自書載禹貢禮紀職方史志地理而後寰宇有記畢地有圖凡土地所生風氣所宜莫不悉錄蓋欲後之人因是而有所考焉耳上虞爲東越望邑由帝舜封支庶得名至正戊子余來引正茲邑問之故老皆曰是邑志書素無舊本非缺典歟於是登進邑人張德潤使裒集之厥既成帙取而閱之則其書文而不俚核而有証古今事蹟搜抉無遺方古之作者殆庶幾

爲復議學官余公克讓肅耆儒余元老校正圖邑官吏士庶僧道相與贊功命工繡梓以永其傳是歲八月既望

二　林希元

古者郡有志書縣道附見焉無專書今縣各有書好事者居是邦耻一不知稽考之多纂記之勤自成篇帙亦其宜也必其言文其事核足以傳遠以俟爲郡志者擇焉上之國史乃無愧余備員翰苑時獲覩大一統志不能徧觀而盡識也出守上虞見前志畧而

未備後志紊而無序於是爲之筆削咨之文獻采之民間正其訛缺文其俚俗不踰年而書成詳而不失之繁簡而不遺其要雖然郡志以星分爲主縣邑以山川爲主區域既明則凡風俗土田户口皆可類稽而形分矣故爲書非難然必其言文其事核去取增損有史氏纂記之風斯爲難耳君書成諗於衆曰此可傳遠而無愧乎衆皆曰可余爲叙其首簡

三

郭南 正統辛酉

上虞山川勝槩與會稽埒自舜 封禹治以來靈蹤秘

跡節亦不尟然其清淑之氣鍾而爲人物者忠孝節義今昔相仍賢達顯藏鄉邑間作況俗尚淳古素親耕讀猶有舜禹之遺風實爲越東望邑也古無書志肇自皇元至正戊子縣尹雲中張叔溫命邑民張德潤裒集成帙諭學掾三衢余克讓肅鄉儒余元老校正爲書甚不苟而或有未精者也越幾年夫能林希元由翰林出尹茲邑蒞政之餘因得閱觀見其詳畧未核類序無倫仍屬學掾句章陳子翬重修之予釐不輕取舍又稽諸文獻者成如干卷復鋟梓行遠其

用心之勤亦不下於張余矣後五紀餘明永樂戊戌歲朝廷頒凡例命郡縣儒生採搜山川人物古今事跡户口田糧等目編纂以進誠稽古右文之盛舉也邑民袁鏵得預編纂之末遺稿其兄鉉於課童暇輙取徧觀畧者詳之浮者核之缺者補之紊者正之傳會而不絶者芟去之彙成十二卷仍圖山川疆域于首正統辛酉公暇以此稿就余校正因念元季迄今朝邑之事實不登載于志書者將百年久故後學於古今人物勝境靈蹤未能盡知遂重加考訂用貲刊

剞傳遠庶來者知吾邑之槩云

四

葛桷 萬曆癸未

輿自禹敷土奠川疆域貢賦物產靡不登載於是後世圖志率因之越古楊州郡上虞其屬邑也元張侯叔温林侯希元俱有志自永樂間郭志出遂盡毀無可攷見今郭氏志具在未免淺俗而又間狥已見是以㮣論不能盡愜矧今物有變遷事有沿革既不可同日語而邑之治行人物亦宜隨時紀錄志其可以弗脩也哉嘉靖初朱三峯先生袞嘗屬草而未及詳

定萬曆初督府徐鳳竹公栻以修志事行署篆府二
守樂公頌聘陳罍山公絳及不佞栩栩謂纂修之難
無出於志昔陳壽號善敘著述史有紀傳而不克作
志重其事也況余疏耄無能爲役辭之弗克亦以罍
山氏素博綜百家而平日尤加意於虞乘者第以患
疾出所訂証者十餘事付予時判岳州任焜以給坒
家居其學識才行余所取信乃與之參互考訂綜之
使會最之使實約之使當亦聊輯見聞以備遺亡耳
茲朱侯維藩政通人和稽古右文慨虞志之尙闕也

亟圖其事屬余重裁定之彚成共十二卷其人物論撰則自朱侯獨斷焉余謂上虞秦漢及晉以來故稱名邑山水形勝不後於他邦是宜川嶽効職造化委權所産人倫忠義盈朝節孝連閭非偶然也至若聖化漸摩神功默運則夫風俗之隆人才之盛經制之備嘉瑞之集當必有盛於昔者可不隨時補輯以錄所未備乎故自歷代輿圖不同是以志建置沿革自列宿度數有常是以志分野自山川異志民生異俗是以志形勝風俗自設險守國是以志城池自均土

地任土法是以志貢賦自獻民數是以志戶口自命
鄉論秀是以志學校選舉自彰善表宅是以志人物
甚輿家禰沙水之不足是以志壇廟自五事得失有
休咎是以志災祥自方外多枝是以志仙釋自長民
貴重治化攸宜是以志官績其餘官師題名具列如
石豈亦居宗國多微辭之意與余志在於述而恒歉
於聞之不多僅能缺疑傳信掛漏之罪其庸逭乎補
鈌删蕪以俟後之君子則史氏擇採自有神而明之
者矣是役也朱侯其先得之余是以卽今日共成之

意而漫序之云

五

徐待聘 萬曆丙午

古者方輿志載或疏風俗或紀歲時者皆先賢典刑斯在陽秋檮杌懲癉猶彰要以各標所重旒綴緒餘炳然成一家之言若桑酈著水經以水植幹而奇聞異蹟亦靡不條附焉斯可槩覩矣虞於浙為望邑山水清淑人物秀衍嫣姒以降郁乎有聞維是襟江負海陂澗四集水之功用尤洽於邦邦之生齒含哺膏腴奚啻鉅萬輸庚奏稌以佐大官分毫皆灌溉之力

宜莫急於水利者余從樂成量移受事之初數延見父老問疾苦咸若志意𡸁阏生計槁竭將無𠁩於膏而阻於澤水之用失歟爰討夏蓋上白皂李漳汀諸湖之故道暨玉帶諸溪之廢趾大都棘口若有所諱而志乘殘缺了不能悉爲檢薛氏通典及郡志則具言山會諸湖之利後以漲河葑泥反致爲害因知此即謝康樂請岯㟶湖爲田之弊岯㟶在虞境内已久湮而至今有盜湖者夫亦謝轍相尋乎廼按湖而爲之周覽陂渠高下之勢一視漢馬臻南北隄與石閩

陰溝之法修築閘堰旱則蓄以沾溉澇則决而注之海不令湖額侵於豪右浸自瀦溢水之權遂爲我民操虞雖歲歲苦旱乎而歲獲善有民以得水之用甚大謂七十二湖非虞利源不可也夫諸湖爲禾黍之場若以無徵無徵以無志況枚舉邑務則典故之因革俗尚之淳漓戶口錢穀之數山田盈縮之額關梁險易之由水陸物産之宜以至丘陵祠廟災祥變故之紛賾又無一非所當究心者奈何以邑言視志置弗講乎觀舊志正統初爲郭南氏所私纂是非舛

錯大不理於門南又舉朱元志付道祖龍一二百年來

蓋掀騰信史之不復見也久矣萬曆丁丑余從祖鳳

竹公栻撫浙始檄部中脩郡邑志於時前令朱公維

藩屬葛陳兩先生秉筆又以彈射者衆濡首其事竟

未成書脫余復墨守失今不輯將文獻愈無徵闕者

愈甚代起者愈無從考信輒不量膚弇不避勞怨毅

然謀以新之敢徼天地之靈訪民間得永樂古志抄

本并陳葛兩先生志草二志較郭頗有裁於是敦請

學博當湖馬君明瑞處徵士葛君曉東君仔遠總其

成又進文學范廷爵等數輩分理焉凡漢晉迄勝國
時接壤乎參伍二志而折衷之嘉隆之近者務采鄉
評概與論而止固不敢以成心負手亦不敢以屈筆
其人而編內最條析者則水利為重縱無桑酈徵引
詭傳而要其指撝鑿鑿將使湖利盡歸之民不為康
樂所講意固有獨至也籍成余竊有大懸焉紀事懸
遺懷政懸疵稽古懸謬辨俗懼淆綜言懸不文臧否
懸失真昔馬遷絕代奇才又登龍門探禹穴捫九疑
浮沉湘歷天下之大觀而後作史記尚不免寸割之

譏刻覈者耶幸諸君子編摩校讐悉無隱慮草創潤色競効衆長道法祖於聖經類例倣之列史蒐羅散失刊落蕪穢體嚴而事核詞約而義精雖不能追蹤作者附於不朽之業而彰往告來庶足傳信無窮也已或者訾以無當於用且二百年來鮮克舉者烏藉吳儂者哆口爲嗤乎後之視今猶之今之視昔且弗論披圖牒者尚友循良景行耆碩斑斑可考彼姚丘舜井孟宅曹江有不爛焉指諸掌者乎而余實假之艅航則於虞之山川人物豈曰小補云乎哉

上虞縣志卷之一

輿地志一

境圖　沿革　分野　疆域　坊都

粤稽虞分錄揚州春秋爲越絶當禹會計羣牧虞疆落神聖輦轂間遐想玉帛萬國趨蹌郊甸猗歟盛已乃傳者言有虞氏後封食兹上又云禹嘗虞樂於此則虞以古名不特聲教首濡抑亦襟江枕海山川盤礴之爲勝耳歷祀以來稱皇輿之輿區有足迷者作輿地志

沿革

羲易云改邑不改井人代五易井閈不移而名繫焉秦罷侯設守寓內郡縣棊置星列離合分并遞襲遞更不皆沿古亦時勢使然也若虞之得名自有井疆以來所不易已志沿革

邑所繇名以舜封也秦始爲縣屬會稽郡前漢因之王莽改入會稽東漢光武中興後復舊名至順帝永建四年會稽守周嘉上書分上虞之南鄉爲始寧縣古圖經云晉太康間縣戶千三百十有三隋

平陳開皇元年廢上虞及始寧並入會稽唐德宗貞元元年刺史王密奏請復析會稽置上虞長慶初併入餘姚後復置又唐書地志高祖武德四年以剡與始寧爲嵊州八年州廢始寧復歸上虞是後無變革爲上縣宋爲望縣元爲中縣明仍之舊治在百官唐長慶二年徙置今所

按風土記舜東夷之人生於姚丘媯水之汭指石之東姚丘本作桃丘又始寧界有舜所耕田今有吳北亭虞濱皆在小山裏去縣五十里對小江岸

臨江山上有立石謂之指石俗呼爲公嶄郡國志
云上虞有姚丘舜葬之所東又有谷林云舜生之
地復有歷山舜耕於此而嘉禾降之太康地記云
上虞爲舜避丹朱之所夏侯曾先地志云姚丘即
舜母握登感垂虹之祥生舜之地寰宇記云漁浦
湖乃舜所漁處而江村之間又有東西赤岸舜井
古陶重華石糶米石虹様村等名皆舜側微之遺
蹟說者因而信之謂舜生於虞豈司馬氏之說非
耶至若闞駰十三州志謂禹會諸侯於會稽相與

虞樂於此地府志云虞衡掌山澤之利於其上故名則又併舜蹟而去之豈諸説盡妄耶夫數千年以前之事而區區欲懸定於錙銖無參驗而必之愚也不能必而信之誣也與其鑿爲一定之論不若兩傳而闕其疑虞之舜蹟雖多而姚嬀之名散見於諸書者若濮州有姚丘西城有姚方姚墟杜佑謂舜生於此長沙有嬀水祝阿故縣有濼水俗稱娥姜上有舜廟下開大穴爲舜井兖之泗源有陶墟又有舜井其西阜號嬀亭山下澤方十五里

爲舜漁處郡國志言陽城邑西有舜田而今潭之益陽岳之沅江梁之重華並有虞帝城藍山有舜水舜鄉偃師西北有舜廟舜井嬀水汭水而上谷記洛城西南亦有歷山及舜廟水經註云歷城歷山上有舜祠舜井爲舜所耕處鄭康成言舜耕歷山在河東漁雷澤在濟陰作什器於壽丘皇甫謐云壽丘在魯東門之北河濱即陶丘乃定陶西南鄉九域志謂濟南濮陽河中皆有歷山俱存祠廟而秦地池陽澧陽始寧上虞無錫並有之列子云

舜耕河陽援神契云舜生姚墟應邵謂姚墟近雷澤寰宇記謂在雷澤縣東十三里而周處記言始寧界有舜所耕田山下多柞因謂櫪山以其區爲雷澤即據諸書舜蹟之在上虞者什伯之一耳夫舜雖大聖止於一身何其遺跡之多如此意者南巡時或爲駐蹕之故地陟方後或爲支庶之封邑民感其恩而子孫思表其德因隨在而立祠以祀之又想像其微待之經歷者而指以名之則上虞之遺跡蓋其後裔報本反始而不忘乃祖之烈云

爾以故宋華鎮云舜之後封於會稽羅泌云舜之支庶或食上虞晦庵朱子亦曰上虞餘姚二邑皆以舜名而虞之村墟特多舜蹟者疑其子孫所封當有見也不然百官者豈眞舜避丹朱之地而百官相率以迎者耶或云姚丘止見於虞不知姚墟陶丘古字通稱總一類而已又以虞世南對唐太宗云諸馮在東海濱而據牖日地生鹽之語以實者非也諸馮爲春秋之諸浮冀州之地司馬氏非無徵也使舜果生於虞則擬發聖母必差於虞舜

爲天子矣宜必封其墓如後世帝王之陵寢大禹親承其統身履其鄉亦必爲之表章舊里如後之湯沐邑而史皆絕不聞何也若夫指象田爲有庳之蹟則益無涉象田乃唐天祐十三年吳越錢武肅王所命名爲禪院者也虞之人豈不欲顯附大聖人以光其桑梓之鄉顧事屬傳疑並無的證庸敢誣之卽如支庶所封亦不詳其何名始於何代而稍近實故從其說以竢後之博古者更參考焉

分野

象緯爲蓋方域爲軫所云直循理應有之會稽古稱郡虞實隸焉夫柯同本派同源虞之分有所自矣志分野

春秋元命苞曰牽牛流爲揚州分爲越國漢地理志曰越地牽牛婺女之分野漢郡國志曰南斗十二度至婺女七度爲星紀之次於辰在丑吳越分野張衡曰會稽郡入牽牛一度虞翻曰會稽上應牽牛之宿當少陽之位東漢天文志曰會稽王以丁巳日占王衡之邑晉天文志曰自南斗十一度至

須女七度爲星紀於辰爲丑吳越分野隋唐書皆然宋天文志曰會稽上應天市垣東南第六星元史曰斗四度三十六分六十六杪外入吳越分古來志揚州星分者代有其書大較上虞分野屬牛女間分野有吉凶而人事之吉凶應焉或謂越在東南而牛女北宿者何僧一行所稱星土以精氣相屬不係於方隅也文獻通考載洪氏之論謂古今分野宜有更變此儒家臆見並不明於天官書故遺譏後人惟所論地勢有曰山亘古不變而川

有壅遏遷徙則分野亦因地勢而稍變此言實與天官書之意偶爲符合蓋方域所拘占驗有輕重之異即如南北朝時北先見變者災重南遲見變者災輕未可以一定之說泥之也今之紹興非昔之會稽隸止八邑疆域不及古十之一而上虞又僅居八邑之一其所分星度實與府屬同占故吳越災祥不當分視即風氣雲物宜以所見遠近占之則虞邑之分野從可覩矣四明王德邁嗣皐訂正

列國皆有分星商巫咸著爲星經春秋戰國嘗以

此占災祥矣司馬遷天官書論日月五緯及彗孛雲物等皆係分野然分野之大綱別以十二辰如丑曰星紀配揚州此吳越地也晉天文志自南斗十二度歷牽牛之度至婺女七度而止皆在丑元史所載從郭守敬授時曆冣爲精確則自南斗四度歷牽牛之度至婺女二度而止皆在丑然則起止之先後不同矣而斗牛女爲吳越分野則無不同也又分野之節目別以二十八宿如南斗占吳牽牛婺女占越確乎不爽唐志載僧一行之論謂

分野從雲漢貫注以精氣相屬而不係於方隅明誠意伯劉基曰有星在北而分野在南有星在南而分野在北亦有星在南北而分野如其南北者天地自然之理不可以私意測也劉基所定清類分野書冠以唐志十二篇其編次紹興府曰牽牛婺女分野上虞縣同之九分野有一郡皆同者有鄰邑不同者所謂精氣相屬也即如鳳陽府占斗而懷遠五河虹縣泗州皆占奎婁霍丘潁州皆占角亢蒙城亳州皆占房心則鄰邑之不同今可畧

言其槩也上虞縣既占牛矣何以又占女曰上虞凡內地占牛其近海一帶占女四明王德邁嗣阜特附

疆域

邑負海而江山環峙於四旁中據若阜所謂瘠土之民勞勞則思善者是已度其幅員儼然錯繡殆古諸侯之國云志疆域

縣在郡城東一百二十里東西相距五十餘里南北相距一百三十里東二十八里至新橋東南四十五里至白道猷嶺東北二十里至新壩俱餘姚縣界西

二十八里至曹娥江中流西北八十里至黄家堰俱會稽縣界西南九十里至車騎山南七十里至郁嶺石牀舖俱嵊縣界北六十里抵海海北即嘉興府海盐縣界

坊都

閭胥比長不墜厥職而經界有可循者徵直供王賦亦以給公家也自世下衰而役貧暴寡者多有安得一修土均之政志坊都

按唐十道圖縣各有鄉鄉有里然其沿革不可考矣宋熙寧三年行保甲法本縣置一十四鄉鄉各一里

分領二十四都都各領保多寡不同或一鄉領數都亦有一都分屬兩鄉者蛾眉鄉領一都十保二都一保共十一保曰蘿巖里　永豐鄉領二都九保三都六保半四都九保鎮都四保共二十八保半曰王祥里　寧遠鄉領四都一保五都十保六都十保七都二保共二十三保曰夏蓋里　新興鄉領七都八保八都九保共十七保曰纂風里　孝義鄉領九都十保十都二保八都一保共十三保曰嵩城里　上虞鄉領十都八保三都二保半共十一保半曰蘭芎里　載初鄉領十一都十一保曰集浦里　葛仙鄉領十二都十保曰蔡碑里　景隆鄉領十三都九保十四都七保共十六保曰常骨里　上山鄉領十四都三保十五都十保十六都九保共二十二保曰南寶里　寶泉鄉領十六都二保十七都十保十八都十保共二

十二保曰夏湖里**下管鄉**領十九都十保二十都八保十八都一保共十九保曰新安里**上管鄉**領二十都二保二十一都十保二十二都六保共十八保曰孝義里**始寧鄉**領二十二都四保二十三都十保共十四保曰通明里

是時未有城郭附治之地亦屬都故無坊宋元豐八年置附治地爲十三坊尚德尊賢照位崇義恤孤純孝好學屬文務農廉賈思仁重義習古坊外仍以鄉統里廢都保元時坊名仍舊惟好學改爲金壘鄉改爲都里改爲圖元末坊多毀明初縣令趙乞文復置而更其名照位曰宣化崇義曰正俗恤孤曰阜民純孝曰孝聞習古曰節孝思仁曰忠諫務農曰務本廉賈曰豐惠重義曰閱武惟金壘尚德尊賢屬文仍舊後增置

澄清坊共坊一十有四都仍舊圖復爲里近吏定爲九坊亦名九巷每巷設總甲一人即本土人爲之曰宣化坊在縣治前由宣化坊至西城曰正俗坊由宣化東曰大忠坊即阜民坊經新街口至東城曰忠諫坊以宋劉忠公居此得名由新街直至北城曰孝聞坊以上五坊俱在運河北由通濟橋至西南城曰金罍坊近通濟門曰西南坊即金罍坊分出至東城曰尊賢坊古名至南城曰節孝坊以宋趙艮坦死國其子友直痛父哀慕故名已上四坊俱在運河南都凡二十有四坊領里十第一都第二都俱領里六第三都領里十第四都領

里三第五都第六都俱領里五第七都領里二第八都領里九第十都領里十四第十一都領里四第十二都領里五第十三都領里三第十四都領里五第十五都領里四第十六都領里二第十七都領里三第十八都領里三第十九都領里三第二十都領里四第二十一都領里六第二十二都領里十第二十三都領里十四鎮都領里二共一百四十六里里中編年各十共見年應役者在坊曰坊長在里曰里長云

上虞縣志卷之一終

上虞縣志卷之二

輿地志二　山川

形勢　風俗　山　峯　嶺　巖

山川 磯　石　墩　洞　丘　海　江　溪

湖　池　潭　灘　泉　洲　井　河

馬遷有言凡立國者依于山川山川之神含澤布氣鍾靈發祥從來遠矣虞山川脉源攸遯扶輿淸淑岦惟能出雲爲風雨見惟物阜財用哉江以蛾嶺以孝山以長者精英鬱勃蘊釀未盡洩也夫以地靈人孰與以人重地志山川

虞山蜿蜒横亘坎離交搆於北隅鬵然秉其氣西建

縣治者曰玉岡山山後曰布穀嶺麗譙下有池曰放生池跨池而橋當夏秋交荷開香郁居然佳勝去縣南百步而近有河曰運河東接通明西距梁湖綿延三十五里迴源百樓坤象諸山溪澗會注於此瀦蓄西溪沙湖之水以通舟楫資灌溉東至作孟宅清水二閘以殺其水於通明江第河淺窄易爲盈涸舊有則水牌一在九獅橋側一在姜家橋南以節水防患今皆淹沒河之在城內者向爲居民所侵嘉靖三年邑令楊公紹芳復河兩傍地爲縴路約廣六尺自通明門直抵畫錦門舟行稱便十四年災邑令張公光祖復河北侵地以通濟橋至水館亭約長五十丈廣八尺說者以爲未盡

去運河而南曰應家池環

縣治而流者曰玉帶溪源出西南諸澗流入運河入雨水張常苦壅塞乃鑿二渠於百雲門兩旁殺分流入城後復淺澀宋嘉定中邑令袁公君儒浚治之置西水閘於港口於胡家橋作小斗門楊橋置小閘以備旱澇其溪繞旋城中瑩碧如帶故名廣一丈許近今堙廢過半詳見水利志西南二里不數丈而高者曰金罍山漢魏伯陽選勝修煉著參同契於此旁有丹井晉太康中浚井得金罍故又名金罍井有石亭其上井實上一下九元徐元璧詩儀鳳雲飛客九韶千年芳躅上吟豪井緣帝德因名舜江爲娥靈遂姓曹冉冉轉九迴丹火冷辰寒雙齒飛雲高寥寥往事非今日笑倚南窗讀楚騷明陳炫詩仙居迢遞枕城西古路縈迴過碧溪丹井已空蒼蘚合石壇猶在白雲迷清霄遼鶴無人見落日山猿抱樹啼更羨郡

侯能弔古紫騮踏遍落花泥陳宗道詩簾垂松影長爐爇檀烟紫山人淸夢遥直見雲牙子李陪詩踏遍烟霞洞壑深華門秋鎖薜蘿陰自從鷄犬雲中去井上丹砂何處尋自金罍而南曰長者山相傳宋周長者元吉所居嘗賑突不烟者鄉人德之遂以名山明楊珂詩復有登高約重遊長者山物觀渾識面典到即開顏曉嶂孤雲度春林衆鳥還尤難屐隹勝萬室玉溪環上有石如鏡曰鏡石惜居人惑形家者言掊擊去之下有薛家井泉甘而洌山椒元張與郕一覽亭以眺四山之勝明楊爲棟詩衆山蒼黛合亭上可披襟忽有孤雲至應來伴郎吟依巔而城城之外爲山川壇壇迤而南曰官樣山曰獅子山由官樣

度下王嶺而右折曰上王山山之下有溪曰百雲溪一名新開溪引上合嶺水入百雲湖自溪北下汪會東西溪水瀦以爲湖曰百雲湖萬曆二十八年邑令胡公思伸置閘湖因以名渡溪而入左曰大井嶴曰董家嶴二嶴去縣南數里許明楊珂詩沙堤曲曲遶溪行山盡天南雨乍晴寒樹半含孤嶂出殘花遲見數枝明幽店客到酒應熟高閣春深鳥自鳴更值清明風日好春林鬱鬱護佳城嶴傍有朱娥祠入右曰費家嶺曰小南山曰百樓山一名百雲又名石樓又名南山去縣南十里許重巒疊嶂約高五里爲縣屏障山之半有地平廣數十畝魏伯陽亦嘗卜居焉其最高處曰大雷尖山有庵

曰深隱菴之右有中隱菴菴之左有白水菴自白水而上曰上舍嶺在縣南十里白水而下曰上舍嶺溪源出南山入百雲溪嶺下無數里而達有路亭自路亭折而南曰夏湖溪去縣約十八里太平山以下諸水皆會於此以達娥江其地方廣十數里多小池泉皆爆突日夜不休愈旱愈湧故稱沃野接夏湖溪之水而方一里許者曰周家湖曰葛家湖曰田家湖俱廢曰李家湖疑即鄭家湖去此一支曰官山嶺去縣三十五里嶺之西曰下谷嶺嶺之下曰交水溪二水交流故名其上曰乾溪乾溪之源出朱家

大山雨則溢暘則涸溪之東曰東山頂有謳仙石平廣丈許中有澄泉山上曰上横塘山下曰下横塘西曰西山山下曰西山溪兩山之間曰銅山兩峯廻抱名上石下石舊産銅近惟泉流瀦以爲湖曰銅山湖周二里溉田十三頃唐開元二年邑民葉再榮等鑿曰谷嶺在縣南二十餘里嶺之對曰姥嶺在縣南三十里進姥嶺而近者曰三嶺在縣南四十里曰王山在縣南四十里山下曰王山湖周二里許溉田三頃前峙王山而高者曰安山相傳張氏父子爲神葬此稍進爲澤蘭山近澤蘭曰昇相山壁立千仞

奇峭萬狀山之巔有丹石二片瀑泉一帶約百餘丈下注成潭潭上巨石隱隱有足跡號神仙跡世傳仙人於此飛昇云又一支度周畚嶺（在縣南四十里）而下曰廟山土人祀蕭帝㽉廟其間曰圓山（在縣南四十里）圓山之上曰前厲湖（溉田三頃）下曰蚌湖（溉田三頃）曰分家湖曰獨山曰焦山（俱縣南四十餘里）三山並列下西北不數里曰姜山山之下曰下湖浦（白龍鼉山二水幷諸澗之水會焉）姜山稍西曰瀦湖（周十里溉田十餘頃）其流下注曰椿湖（周二里溉田七頃）曰黃灣湖湖近娥江自路亭折而東南爲

疊石山又數里爲沈家石埠諸溪之水皆合於此曰沈家石埠溪度溪而入曰楓樹嶺縣南二十餘里嶺下曰葛樹潭過潭而入曰李溪縣南二十五里溪之上曰雙溪嶺下曰管溪縣東南三十里溪之中有石橫亘如龍曰龍石明徐學詩詩碧溪清夜浩無邊水滿澄潭月滿天照影但誇遺不露潛身寧識抱珠眠昭回雲漢思沾澤想像風雷見在田莫謂臨淵勞悵望且須攜酒弄潺湲過管溪而上曰簦嶺嶺畔有斷碣刻梵文剝落不可讀近嶺曰檀燕山孔曄會稽記云山頂有方石十二行列如坐席水經注成功嶠西孤峯特上飛禽罕至嘗有

採藥者沿山見逼溪尋至山頂樹下列十二方石地甚芳潔後再至路迷不可復覓相傳群仙所憩燕栖檀香氣襲人每清風明月之夜聞絲竹簫管之聲徐學詩詩千古旃檀漫有名羣仙燕集亦難評牧兒猶說初平石樵叟疑聞簫管聲幸以全身歸舊隱敢云脫屣羨偷生時來阡陌頻瞻眺松栢蕭蕭獨愴情山之下有鹿含花渡溪曰鹿花溪距溪五里曰嶺北山以山在嶺之北也五峯高聳下俯雙峯明潘府詩雙鴈倚雲霄幽人坐寂寥每聞秋夜月南望客星遥徐惟賢詩春來何處可消愁舍北風來天際頭雲影日高瞻紫極海波風靜見瀛洲太平有象真堪隱慷慨無端賦遠遊便欲結廬從此臣薜蘿深處詎春秋又一山中

高旁低其形若蓋曰寶蓋山在縣南四十五里每春曉秋霽雲霧結成輪囷如五色華蓋然山之上有石曰耿牛石曰龜巖各以形肖徐學詩詩聞道山僧開法界若爲雲物散天花囷輪五夜凝蓬苑想像千官擁翠華距華蓋迤邐南去曰雙笋石高數百尺參差並立臨依山嶠若人冕而立者上有異花開若霞錦宋三后登遐花遂不榮或變白色會稽賦云花含戚若是也在縣東南五十里一爲雷所擊幾折其半宋齊唐贊曰峩峩雙石百仞劍立下無根抵對若拱揖若梯太山將窺金繩如梁倒景遂登青冥拳捧日月觸拏風霆鵬鶚脅息猿猱骨驚我聞帝軒洞庭張樂建牙植纛太音乃作抑盤古死膏川體弁遺

簪墜笏挺持磨錯史失其傳人遺萬年得非兹石遺像在焉惟岳有神憑靈洩怒誕作忠賢蓄爲雷雨若歲大旱羣氓失怙六龍欻駕振起枯腐惟石之巔花萼爛然攢峯翠環燒空火鮮我宋定鼎三后陟天四海遏密萎跡不妍上御宸極花復蕃息石乎神乎與國休戚掎松徂徠浙杉新甫作廟奕奕俾萬民覩有稷惟馨有酒惟醴牲牷孔碩坐奠兩廡千區萬疇禾黍油油神來雲與神去雨收滋衣食原消凍餒憂捍我大患無貽神羞明王守仁詩雲根奇惟起雙峯慣歷風霜幾萬冬春去已無斑籜落雨餘惟見碧苔封不隨衆卉坐枝節却笑繁花惹蝶蜂借使放稍成翠竹等閒應得化虬龍石筍相峙下有石如象鼻曰象鼻洞洞中可陳几席張鳳翼詩西方白象海浮來降集巖巖地脉開春煖氣噓成五色不須蜃市作樓臺　又有川曰釣川陶隱君嘗垂釣其上宋華鎮詩仙客乘槎學釣翁擘波蔣

躡錦鱗紅浮槎不到寒江上松葉冷冷自妍風由霞溪而東曰大嶺與餘姚界大嶺迤南曰錢庫嶺由錢庫而夏家嶺由夏家而隱地嶺由隱地而入曰四明山山高四萬八千丈周二百一十餘里凡二百八十二峯地記云四明山赤水爲第九洞天上有四門通日月星辰之光故曰四明在縣東跨姚鄞嵊奉五邑之境唐陸龜蒙云山有峯最高四穴在峯上天霽望之如戶牖南史謂孔昭隱四明太平御覽云李汾上虞人嘗讀書其中明謝肅詩雲北雲南山萬盤仙人宮闕俯巉屼晴峯落影半天碧雪瀑飛花六月寒白日雙鸞翔玉宇長年一虎卧瑶壇桃花莫使春光老遲我歸來轉大還曰太雷峯吳劉綱爲上虞

令師事白君歷年道成會親故飲畢登大皂莢木上去地十餘丈舉手而別忽飛入雲其妻樊夫人亦有道術上昇故其地曰樊榭有亭曰鹿亭有洞曰潺湲洞後唐末謝無塵亦隱居其地由晉溪而西南可十里曰張家嶺嶺之半曰白道猷巖晉白道猷尊者隱其內嶺曰道猷嶺溪曰道猷溪潭曰道猷龍潭即一道猷而在在名之其取重於世如此嶺之趾曰太嶽山中有寺曰廣福寺歲久將廢嘉靖間僧臻暫與其徒德慶苦行力復得以不墜出廣福而東曰板沸巖巖有

夜遊神像微茫不甚辨又一巖有大士像顯然刻畫如畫視久若現光者其下曰畫佛溪由溪而進曰逕路由逕路而南上曰懸巖頂有石城一帶約長二百丈有奇外有疊石甚奇對懸巖而南者曰覆卮山世傳爲神仙嘗飲之所宋王十朋詩四海澄清氣朗時青雲頂上采靈芝登山須記山高處醉向崖頭覆一卮或謂謝靈運嘗登飲其上飲畢覆卮或又云其形似也相傳石上刻覆卮二字故老云字在石峽中昔嘗有人以墨摹得二字甚奇山高十里許北隸虞南隸剡東連百丈岡西逶迤嶀聯至三界而止有石泿五

蜿蜒巖泉眼石泉經歲不竭石泯之間泉聲澎湃不可見時有白龍出沒呼爲龍窟登其巔有石平廣可受數十人下瞰江海羣山羅立蓋虞山之最高者也曰麋家山山頂有湖曰大胆湖一名萬年湖有龍潭禱雨輙應曰䴥山（在縣南六十里）左右護從有山深窈轉摺數峯插天中藏龍潭（馬明瑞詩紫翠重重入眼清拔雲下視碧潭鷲鑿開海眼珠連噴湧出山腰勢半横靈氣浮浮塵欲盡仙風緲緲骨疑輕蟄藏忽地神龍現環珮玲瓏天外鳴）者三自下而上而中其泉自上而墜噴礴飛灑諠豗若雷前有石如桌可容八拜曰禮

拜石歲旱禱必應朱夏庚金[illegible]奇來向䑓山觀洞府深深[illegible]雨寒雲影有時頭角露醉眸回作畫圖看曰學山縣南六十里山三千八十畝有奇路僻山深久爲附近居民侵沒萬曆三十三年教諭馬公明瑞查復潭之下流曰太平溪曰姐溪曰孫溪與䑓山相峙曰太平山輿地志云其形如繖亦名繖山相傳吳道士于吉樂此築館煉丹又曰葛洪修煉之所曰煉丹石如簟方濶數丈下有柱石二高可八九尺如數石瓮然撐拄四角若屋中折爲二一題曰太平山樵牧者遇雨多避其中晉孫綽銘曰嵬峩太平峻踰華霍秀嶺樊緼奇峯挺潞上干翠霞下籠丹壑有士宴遊默往寄托肅

形林映心幽漠亦既覯止漁焉融滯懸棟翠微飛宇雲際重巒蹇產洄溪縈帶被以青松洒以素籟流風佇芳祥雲停靄唐孔稚圭詩逸訪追幽蹤尋奇赴遠轍制芰度飛泉援蘿上危嵒萬壑左右奔千峯表裏絕曲棧臨風聽歌簷倚雲穴不險天貌分林交日容缺陰凋落春榮寒岩留夏雪昔聞尚平心今見幽人節志入青松高情投白雲素泛酒乘月還閒談待霞滅接賞聊淹留方今桂枝發徐惟賢詩葛令丹成去不還空遺片石在人間我來訪古已陳跡碧草蒼苔蒲地斑又有二圓石竅深各三尺許如臼如釜山巔平衍良田可數頃泉源灌溉大旱不涸山跨姚虞二邑之境太平之東曰日門山在縣南六十里亦太平山之別名齊杜京產常築館以居陶弘景作日門館云吳郡杜徵君構宇太平之東菁山之北爰

以幽奇别就基址栖桀有道多歷世年出廣福而南曰片竹彎彎嶺平疇曠野儀容耕鑿面横大溪溪上曰古潭山去縣南五十里山趾障潭自潭而東下曰斗潭去潭不數里曰莊頭曰朱村古潭而西曰寨嶺宋時倭寇至此土人柵木禦之不能破由寨嶺西出曰陰潭自潭而下曰隱牛溪爲自道猷騎牛入山之路牛隱其地有牛倒行跡故其地曰牛步對牛步曰鑄瀉嶺以前代冶錢名去鑄瀉嶺曰官符嶺上亦有白龍潭明徐文彪詩四壁千丈居天心勝有松聲與鳥音中天日過午淡淡六月泉飛時陰陰山色翠

連雲漢合霞光清浸碧潭深年年此地秋空晚長見白龍來護岑去嶺而西山曰雙棋山在縣西南五十里中有小陂山巔有棋局兩旁列石可坐昔有二仙對奕山故以名一云兩石對峙如旗故云雙旗下曰雙棋湖周一里溉田十頃三面皆石壁峭險天成曰雙棋嶺曰前鼊湖周一里溉田十頃曰後鼊湖周二里溉田二十頃曰沐慈湖去縣南五十里周一里溉田四頃曰沐慈渡聞有仙人沐浴慈此距界十里即剡溪下流娥江之派止此故以溪名昔王子猷訪戴安道至此回棹自牛步而下曰章家埠有市爲山中各鄉出入要地埠下爲姜山姜山崔嵬

而下曰戚家山去縣西南四十里曰東山去縣西南四十五里晉太傅謝安所居一名謝安山巋然特立於衆峯間拱揖蔽虧如鸞鶴翔舞其巔有謝公調馬路白雲明月二亭址千峯林立下視蒼海天水相接蓋絶景也循微徑而出爲國慶寺乃謝太傅故宅傍曰薔薇洞曰洗屐池相傳謝康樂登山躡屐洗屐之池又華安仁詩云謝公白首乘軒地長記滄波洗屐時則又指文靖公耳東曰東眺西曰西眺太傅攜妓遊宴有終焉之志按謝安傳云寓居會稽與王羲之許詢支遁遊處出則漁獵山水入則言咏屬文後雖受朝寄然東山之志始末不渝靈運傳云父祖並葬始寧山幷有故宅及墅

遂移籍會稽故其詩云偶與張邵合久欲還東山又云分離別西川廻景歸東山注謂會稽靈運之所居也蓋太傅始居此及出鎮新城欲造泛海之裝自海道還東雅志未就而没後卒葬焉今山西有太傅墓靈運自移籍會稽多在始寧其山居賦云南北兩居水通渠阻注云兩居謂南北兩處南山自謂翀卜居之處傳云修營別業傍山帶海盡幽居之美今山半有洗屐池東西二址亭榭後人好事為之然舊園別墅迹亦不可泯王鏊遊東山記節畧云會稽郡東百里曰曹娥江又曰東小江其南則晉太傅文靖謝公安石故宅東山也晉史王羲之初渡浙江便有終焉之志樂會稽佳山水時文靖亦居焉與孫綽李充許詢支遁皆有舊居在會稽何獨於文靖疑焉則東山在會稽一也圖經引會稽先賢傳載文靖舊居為寺則其山在會稽二也史言文靖寓會稽與許詢輩出則漁弋山水入則言咏屬文拒絕范汪之薦與羲之遊東土舊名猶存則東山在會稽三也史又言文靖屢

還者高卧東山桓溫請爲司馬始發新亭諸人言安石不肯出將如蒼生何蓋文靖從桓溫之請始去會稽則東山在會稽四也又言東海戴逵厲操東山其弟遂答文靖言家兄不改其樂方文靖此時逵居剡溪據史則逵亦同寓東山東山距剡甚近則東山在會稽五也史又言文靖雖受朝寄然東山之志始末不渝欲造泛海之裝自江道還東雅志未遂就遇疾焉是時晉都金陵自江泛海今東山正在海濱則東山在會稽六也劉義慶言支遁以文靖屢至餘姚塢中既没不忍復居遷於嵊山則東山在會稽七也有一於此事亦昭著况若是衆乎然今臨安境中亦有東山金陵土山傳謂文靖所起東山以僕考之俱非是臨安山則許邁所稱文靖嘗坐石室臨濬谷謂與伯夷何遠者蓋山海之遊而非所居也金陵土山則所謂金山營墅樓觀林竹甚盛每携中外子侄往來遊集在入朝貴顯之後亦名東山非其所起東山也考之地志參以舊史然後定於一謝氏旅盛終始六朝文

靖之兄奕奕子元元子煥煥子靈運復爲永嘉太守稱疾去職父祖並葬始寧縣有故宅及墅遂移會稽修舊業傍山帶江盡幽居之美又求東郭始寧二田始寧益會稽慶縣則靈運居者正文靖之舊地今山中有始寧泉名不改自文靖之後子孫居於會稽生以爲家死葬其地猶不忍舍去非一二世而止也嗚呼東晉渡江王謝之族俱隨得王文獻謝文靖再肇晉業從六朝三百年安靖者二公力也非惟人物之盛實國家安危是賴後世稱江左風流以會稽爲首況文靖功業起于此山乎想是時天下引頸冀其登庸羔鴈既至岩穴之後舟車縱橫冠蓋相屬一時聲烈意氣盛矣數百年後但見蒼山流水萬事寂寥而無聞訛誤而相亂雖天下之理顯晦固若是然已晦之迹必待人而後彰故詳書之俾刻山中登覽者考焉宋謝靈運東山望海詩開春獻初歲白日出悠悠蕩志將愉樂瞰海庶忘憂策馬步蘭皋緤控息椒丘采蓮遵大薄搴若履長洲白花皜陽林紫蘤曄春流非徒

不羈志覽物情彌遒昔蕪始無慮寂寞終可求〔唐〕李白詩不到東山久薔薇幾度花白雲他自散明月落誰家我今攜謝妓長歎絕人羣欲報東山客開關掃白雲〔宋〕胡曾詩五馬南浮一花龍謝安入相此山空不知攜妓重來日幾樹鶯啼谷口風〔蘇軾〕詩謝公含雅量世運屬艱難況復情所鍾感慨萃中年止賴絲與竹陶情有餘懽却攜縹緲人來上東西山放懷事物外徙倚弄雲泉一旦功業成晉祚復流言慷慨桓野王哀歌和清彈挽鬚起流涕始知使君賢意長日月促卧病已辛酸慟哭西州門枉駕那復旋空遺行樂處古木昏蒼烟〔朱〕熹詩江路縈由數十回無因到此爲潮催嘗聆文靖曾游後欲問薔薇幾度開今日掣身推案去暫時秉燭入山來高僧不問誰家客獨討雲軒自把懷〔明〕李東陽詩謝公昔卧東山麓山中無日無絲竹美人笑捧如花顏飲酒賦詩歡不足古來同樂必同憂公能不爲蒼生謀征西司馬亦何事猶使桓兵窺上流賊兵在郊公在墅天中江水局中賭老

以病死強秦奔一代功名荷天與太平宰相休云云清言非臯亦非勳四郊多壘一身樂吾憶冶城王右軍曰馬家湖周三十七里溉田二十頃曰靈芝湖又名任芝湖湖在國慶寺僧永潭內東山下曰橫汀去二里曰姥山湖周三十餘畝溉田一十頃一匯馮家浦者曰江湖周八里溉田一十頃曰雙湖周二里餘溉田八頃自東山西去一里爲始寧園乃謝靈運別業今稱始寧墅者雖蔓草荒烟蒼然古色宛有六朝氣象有泉曰始寧泉有石曰指石臨江射西而出去東山不二里許曰石鏡山曰姚丘即聖母感虹生舜之地曰尚湖周一里溉田二百頃曰虹漾山生舜時虹照

兩岸其地即名東西赤岸曰虹漾村曰圓湖周一里溉田一十頃曰握簦山上有握簦聖母祠題曰祥虹閣可以眺山水之勝曰鳳凰山曰桂林山唐十道志云謝靈運嘗居此以註山居賦或云即東山也曰車騎山右濱長江左傍連山晉車騎將軍謝元爲會稽内史建樓其間桐梓森聳江帆出没幽僻足以避世迒山曰太康湖上下澄泓可數頃嘗資灌溉晉謝道韞詩巖巖東岳高秀極沖青天岩中閒虛宇寂寞幽以遠非工復非匠雲搆發自然氣象爾何物遂令我屢遷逝將宅斯宇可以盡天年宋謝靈運詩朝日發陽崖景落憇陰峯舍舟瞻迴渚停策倚茂松側徑既窈窕環舟亦玲瓏俯視喬林杪仰聆大

壑淙石橫水分流林密溪絕蹤解作竟何感少長皆丰容初篁抱綠籜新蒲含紫茸海鷗戲春岸天鷄弄和風撫化心無厭覽物眷彌重不惜去人遠但恨莫與同孤遊非情歎賞廢理誰通朿髮懷耿介逐物遂推遷違志似如昨二紀及茲年緇磷謝清曠疲薾慚貞堅拙疾相倚薄還得靜者便剖竹守滄海枉帆過故山山行窮登頓水涉盡洄沿岩峭嶺稠疊洲縈渚連綿白雲抱幽石綠篠媚清漣葺宇臨迴江築觀基曾巔揮手告鄉曲三載期歸旋且爲樹枌檟無令孤願言〔謝惠連詩〕日落泛澄流星羅遊輕橈憩謝迴曲汜臨流對回潮輟策共駢筵並坐相招邀哀鴻鳴沙渚悲猿響山椒亭亭映江月飂飂出谷飆斐斐氣冪岫泫泫露盈條近矚袪幽蘊遠視蕩喧囂晤言不知罷從夕至清朝

曰圖湖又名杜湖曰金家湖廣四十畝溉田四頃曰石壁山唐十道志云其南有小山形方正如樓名鼓吹樓寰宇

記又名飛翼樓謝靈運築精舍其下宋謝靈運詩昏旦變氣候山水含清暉清暉能娛人遊子憺忘歸出谷日尚早入舟陽已微林壑斂暝色雲霞收夕霏芰荷迭映蔚蒲稗相因依披拂趨南徑愉悅偃東扉慮澹物自輕意愜理無違寄言攝生客試用此道推明華純詩風觴助成劇水遊新亭結蔓淚空流薔薇開後鶯愁色人倚白雲明月樓　去握簦而東曰花浦曰馬慢山曰葛仙嶺去縣西南二十餘里仙翁嘗所遊憩過仙嶺曰黃茆嶺在縣西南二十餘里嶺有上下二處度嶺而出虞門即華渡運河矣去握簦而迤曰新窰迤新窰曰臺墅湖周一里溉田二頃去新窰而東者曰黃洞溪曰車嶺在縣西南二十五里有井名舜井或云三井上

有鳳自來曰自來風曰金雞洞云錢王彈金雞處曰象田山在縣西南二十里山峻險路屈曲呼爲小天台南有井亦名舜井西有羅漢石試刀石石分爲二攢有二庵去庵一里曰興教寺曰象田嶺度嶺東南曰覆船山曰瑞象山在縣西南十五里明陳紹詩秋色凝翠巘烟光薄叢最臺山徑何閒寂石面多莓苔崎嶇轉林坳峽底興雲雷馮高一以眺萬壑松風來蒼茫遠郭樹高城暮雲開俯契澄潭靜仰見飛鳥迴西風掃石壁峭絜無塵埃會意了萬象適情忘九垓巢許起蕭瑟千古空餘哀忠諫不可作龍圖安在哉因懷梁父吟嘆息復徘徊曰買築尖山山之下有西溪湖在縣西南二十七八溪之水鍾焉爲東西

置一閘北開東西二涇入於運河溉上管茹寧姚着三鄉之田包納湖面水利至宋晉縣令戴公延興築塘七里又名七里湖宋慶曆中歸學養士紹興初朝旨割三分之一爲功臣李顯忠牧馬地李姓勲戚侵據僅以緡錢七百歸學迨元豪民嗜利盡以爲田凡九十頃有奇由是承蔭之田大失水利世祖閔越民賦重永免三分至正二十年行省參政方國珍鎮上虞檄縣令韓公諫均爲四等畝賦穀六斗三升修建二閘開濬九十四港民咸稱便至明畝科米三斗三升八勺而低窪之田甚苦之萬曆十一年民告復縣令朱公維藩申明撫按司府勘覈重復爲湖第以抵補稅田爲限未得盡復七里故跡承蔭不廣尚有望焉詳見水利志徐渭詩復此西湖水侯郎西門豹湖水何足論溉我三鄉稻湖上新稻熟湖中赤鯉長網魚炙香稻千載薦桐鄉旱潦一關情湖塘指顧成魚肥村稻晚鶴瘦署琴清駐易淹難久編韋講正橫清波三百頃盡是渥恩澄稍西曰方畧山曰

金雞山坐離向坎後列二台前面五癸曰東溪曰西溪二溪之水夾山而出交於艮隅有橋曰合清橋水之左曰淡竹山曰鰷魚山水之右曰龜山曰眠牛山西溪之陰有山曰釣臺山宋薛鎮詩仙客乘閒學釣翁壁波時出錦鱗紅浮槎不到寒潭上松葉冷冷自好風舊經云山有槎大十圍陶朱公嘗乘之垂釣公既去槎墮於潭不復浮其地有唐許宗封伯爵世居嶺北曰許伯嶺宋彭福王佃西溪湖以其故宅基爲別墅曰玉京洞元趙仁原詩雲巖壑玲瓏竹樹間天風環珮隱珊珊碧桃花落雲粘洞碧草香飛露滴壇青壁有題龍護篆玉京

遺跡鶴觀丹妒今避世非東溪之上曰坤山峯巒秀出當縣之坤故云山之下曰杜溪由西稍南曰無地却笑相逢雪滿冠

五婆嶺在縣西南六里由東稍下曰資聖寺寺傍有石方廣約五丈餘高七八尺曰聚星石去資聖稍東曰

葫蘆嶺在縣西南十餘里曰駱家嶺曰王家嶺去嶺二里而近曰長者山云曰姜山渡江而西上曰大墓山

曰石山山之上有土穀祠其山巖石險怪山下有洞高五六尺深濶二三丈空洞暢朗亦一奇也其地故紹與台溫往來通衢當道出其境邑令率夫役道迎勞費甚苦隆慶初邑令謝公良琦申其狀得

請華之百姓至今德焉在縣西南五十里明濮陽
傳詩詩人酣眺慣到處不能閒烟簇千村月江流
兩岸山農人携畚往漁父放舟還喜說三堤就洪濤絕後艱有湖上曰池湖周四
里漑田曰竹衙湖長五里漑田三十頃曰赤現湖長二里止漑近田
四頃
有嶺曰赤泥嶺色赤如硃自嶺而上不數里有成
功嶠謝元破符堅歸爲會稽內史鄉里旌其門磨
崖大書三字其上云壁立臨江巍然大觀去成功
嶠稍折而右曰郎家湖周一里勢高於田不能滀水曰歷山謂
舜所耕處也在縣西南會稽舊記云在小江裏姚寧剡一縣界曰孟村漢
孟嘗所居至此與會稽剡縣接界名三界自姜山

渡江而西下曰覆船山以狀類舟覆也在縣西南五十里曰蔣家山在縣西南五十餘里曰含珠山在縣西南五十里亂山旋繞中一小阜孤立如羣龍護珠然曰蔡山在縣西南五十里曰蔡山渡曰鍾湖廣二頃二十畝止灌近田即蔡家湖曰花懸嶺縣西南五十里倚嶺一石若有字數行以水噀之須臾稍露可辨一二餘竟糢糊不可識亦無題名下曰小江在縣西南四十里水出會稽諸山入娥江水經注云水出嵊山謂之嵊浦上曰楊梅峯林巒茂密產多楊梅元隱者王發築友樵齋賦續騷以見志在縣西南五十里江中曰

琵琶洲一名琵琶圻舊經云梁徵士魏道微修道得仙於此南史杜京產與顧歡開舍授學於東山下故距山不二里有杜浦顧墅在焉在縣西南四十里下曰顧墅灘曰嵩公山在縣西南四十里山下有石室丈餘如冢云葛仙翁墓詳見古蹟志中曰西莊山縣西南四十里舊經云葛仙翁嘗隱居焉有石窗如臼者五小容升大容斗山下三石鼎足而立曰銚架石道傍石中有馬啼跡跡中有泉不枯曰馬跡石曰洗藥溪水清徹底有石磊磊如丹砂曰鳳凰山在縣西南與會稽接境晉元帝鑿山有鳳凰飛去遂名山下湖曰

鳳翎湖長一里溉田五頃山上寺曰上乘曰龍塘出又名鷺鳥

山

有潭二上蒲下枯鄉人嘗禱雨結屋覆之于崑崙山舊經云昔有人見崑崙者行水中故名曰章汀湖周一里溉田四頃爲勢豪家所侵居民嘗告復不得萬曆三十二年邑令徐公待聘甫下車覩覆其地勘覈復之事詳水利志中曰潛湖又名蕭家湖以居民多潛姓者曰坯埕湖謝靈運嘗欲乞佃會稽守孟顗嚴拒弗克自晉迄今得終灌溉眞萬世之利也曰伶仃湖去章汀五六里曰嶮山在縣西南四十餘里臨江高數百仞銳如卓筆其嶺有瓦礫廢址舊經云漢東陽縣夫人於此修眞上昇又有石井丹竈藏久蕪

沒山崖南有二石蘚文圓白鄉人謂之日月石曰高鏡湖又名尾窯湖廣四十畝溉田四頃有餘嵃山之東曰光嚴湖周一百八十畝溉田八頃八十餘畝西受嵃山重澗之水曰菱湖周三十五里溉田六頃形長如菱水下入江曰上湖又名王家湖周五十餘畝溉田十頃嵃山之南曰錢家湖又名嚴家湖曰小湖曰江濱

湖淹豈嘗寓此耶不然何取而名之曰白鷺山在縣西南四十里山中一小溪春夏之交晴晝每見兩鷺舞溶遠現近隱人謂有上下二欵泉落掩映而然是所未解曰龜山在縣西[illegible]曰鳳[illegible]

山之下曰曹孝女廟廟下之江總曰上虞江在縣西三十餘里（明姜貞詩）偶憶藏書穴扁舟向剡溪岸花千片墜沙荇一行齊漸與𨗂山迫翻令入徑迷悠悠泝清淺明發待攀躋（孫鑛詩）參差窮冬盡躊躇古渡頭低雲迷樹色積雨漲江流未就藏山史初回見載舟巖居猶世綱深愧水中鷗

江南自剡縣東北至孝女廟前曰曹娥江以娥名也（梁劉孝綽詩）昔余筮賓始衣冠仕洛陽無貲徒有任一命忝為郎再踐神仙側三入崇賢傍東朝禮髦俊盧簿厠才良遊談侍名理掇管創文章引籍陪下膳橫經參上庠誰謂服事淺契濶變炎涼一朝謬為吏結綬去承光烹鮮徒可習治民終未長化雞仰季智馴雉推仲康此城鄰夏穴樠盧茂筠篁孝碑黄絹語神濤白鷺翔遨遊任可望釋事上川梁秋江凍雨絶反景照移塘纖羅殊未動駭水忽如湯乍出連山合時如高蓋張漂沙黄沫聚碧石素波

揚傍人不敢唱舟子詎能航離家復臨水眷然思故鄉中來不可絶奕奕苦人腸泝洄若無阻謝病反清漳（唐陸羽詩）月色寒潮入剡溪清猿叫斷綠林西昔人已逺東流去空見年年江草齊（明豊道生詩）東歸半載又西行十里江潮兩岸平人跡水紋沙上客山光樹色雨餘清長年奮擢催登涉野衲關門厭送迎借榻蕙蘭春夢短白頭相對不勝情（朱維藩詩）三尺殘碑倚墓臺行人偏解艤江隈憐娥最有江心水夜夜哀聲逐浪來（徐渭詩）曹娥十四死長江江水連湖萬里長精衛定應仇渤澥子胥豈只怒錢塘一江魚鱉浮屍化八尺龜軀自卧絹黄總爲金釵收正氣可憐梟獍逺爺娘

曹娥江至龍山曰舜江北至三江口入海即舊名浦陽江禹貢三江既入韋昭以爲吳淞錢塘浦陽爲三江潮汐之險與錢塘埒江之中有石曰落星石在縣西北四十餘里高丈餘寰宇記云江潮汛漫仍亦

不沒歐陽脩云吳越寶正六年封寶山石石之東南長亘里許濶尋丈有石曰糶米石俗謂舜糶米之所歲石現米價騰踴土人用以占年渡江而還東臨江者曰黃泥山在縣西三十里曰金石湖曰洪山曰洪山湖周三里溉田八頃東西新置二閘自洪山而下曰孔家湖廣六十畝溉田五頃產蓴菜無異湘湖自洪山而稍東曰五龍山山上有龍湫五龍同窟窟傍三神祠水旱禱之輒應近五龍山曰蔡墓山在縣西一十八里由蔡墓渡河而北曰陳射虎嶴嶺在縣西北三十里產粗石曰方嶴山山右有嶺絕頂古松虬

枝偃蓋蒼皮黛色勢欲拏雲宛若遊龍曰龍松嶺明楊珂詩蒼虬百尺倚岩懸半嶺衝開萬壑泉勢厭波濤逕跨海氣吞雲雨不知年嶺趾曰白馬湖又名漁浦湖在縣西北夏蓋南環湖係三二三十都縣自東漢周四十五里八步三面皆山三十六澗之水悉會於湖中有三山曰癸巳山曰羊山曰月山傍有溝闘曰横塘溝石堰闘西斗門溉永豐之田四十餘頃水經云白馬潭深無底縣湖之始塘屢崩投白馬祭之乃成因名其湖或謂故縣令周鵬擧出守鴈門志務幽閒思上虞景物之勝乘白馬泛鐵船全家溺於此時人以為地仙白馬之名由此而得湖頂有祠居民以香火祀公為土穀神云又云上虞江外有漁浦湖湖有三山曰大獨山曰小獨山曰覆舟山會稽圖經有作嶼湖

而無白馬湖輿地志云漁浦湖舊漁處夏候曾先志云驛亭埭南有漁浦湖湖深可二丈唐貞元中置湖門三所别於北門置放水塘四百步元人以湖爲田納糧自宋迄今侵田廢復之故詳見夏蓋湖

渡江而還東稍北曰蘭芎山在縣西北二十八里仙翁葛元修煉得道之所世傳洪說有石臼丹竈丹井遺趾元本傳云漢光和　年正月朔仙公於上虞山感太上遣眞人授以　洞四輔經籙修行秘訣金書玉誥等圖足徵也唐虞綸詩城闕望烟霞常悲仙路賒寧知樵子徑得到葛仙家趙槃詩蘭芎寺北雲歸岫孝女祠東浪拍天湖汐往來沙不定青山無數剡溪船明陳縉詩肩輿十里蘭芎道春日春山羨勝遊雲轉四時依古塔泉流終日響靈湫烟深松竹鳥聲細天擁樓臺蜃氣浮自笑未醒塵土夢人間浪擬下仙丘陶望齡詩飛欄跨閣跡俱陳嵐翠江光與亦新丹井汲雲香帶藥斷碑嵌壁蘚生鱗

僧閒自打鐘迎客路穩瓢嫌杖累人怪底雙眸清不寐幾番湖海浣灰塵寰宇記謂瑯琊王弘之垂釣於此弘之好釣上虞江上有三石頭弘之垂釣人有問得魚賣否答曰釣亦不得得亦不賣每入城置魚一二頭於故知門內而去時縣在百官山下曰涉湖周六里弘治間爲姚之勢家所佔正德間傾所壞萬曆二十四年邑令胡公思伸築堤如故以濟運河之乏詳見水利志湖之上曰龍山在縣西北三十餘里東連蘭芎南瞰娥江石壁險阻江潮嚙趾宋紹興中鄉人鑿磴道以便往來萬曆三十年土人加修治置茶亭爲憩息之所行者稱便上有蘭峯頂盤石廣丈餘葛仙公嘗憩其上山九彎迤邐七八里故又名九龍山崖間有泉

清瑩如玉。曰龍頭山。并從西北一彎而入。曰隱嶺。湖廣二里。溉田四頃。去湖而上。曰黑嶺。嶺之稍東。曰小板嶺。二嶺之下。曰上妃湖。在縣西北。夏蓋湖南。白馬湖西。周三十五里。與白馬湖同瀦於東漢。中有三山。曰兮家山。曰佛跡山。有石徑尺。有跡深寸。如巨人足跡。頗異。曰印禄山。傍有穰草堰閘。水經謂之上陂。今名上妃。音傳之訛也。唐地理志。上虞西北二十七里有任嶼湖。寶曆二年。邑令金公堯恭置。恐非。會稽志云。謝陂湖在縣西北三十五里。又有皮湖。去縣西北三十里。按。任嶼謝陂皮湖皆上妃之別名也。郡志重出。又會稽志云。上妃湖即靈運莊也。自宋迄今。侵田廢復之故。詳夏蓋湖水利志。萬曆甲午春。湖濱田中耕得寶劍歎色古雅非近世物邑令楊公爲棟送學宮以供先師香火詳古蹟志自龍山西盡曰百官相傳舜避丹朱百官朝會其地舊嘗建縣治有百官街臨江有舜帝廟前有石曰重華石擊之有聲東西有井湮爲二墩吳越武肅王復浚得讖記寶物甚夥有記見古蹟志曰百官河在縣西北四十里由夏蓋湖直抵七都河之西北曰夏蓋湖在縣西北五十里環湖係三四五六九十都唐長慶二年永豐上虞寧遠新興孝義五鄉之民割己田爲之周一百五里溉白馬上妃之源以防旱地勢東低而西高傍列三十六溝引灌五鄉官民田十三萬畝詳見水利志宋王商翁詩迢萬頃平湖翠嶂連欄杆湖倚畫圖遊風烟收盡寒波靜一片光浮上下天瀲灔臨鑑一日

孤帆風正長萬山晴色滿湖蒼青天鷗鷺飛如雪秋盡蒹葭未及霜漁戶半依船作舍人家多借水爲鄉故園物候應相饒蠏稻田田橘柚黃中有潭一曰鏡潭何謝讜詩碧潭如鏡月痕滿林花香幽荻花媛仙儔齊泛木蘭船覓句飛觴夜何短有墩九曰楓樹口匾曰周師曰長曰楝樹隨水高下溢未嘗沒潤未嘗凸旱潦如一內有石穴如墎然堪輿家稱善地嘗有盜葬者近湖之家多刑傷必伐之在福祈山下盜葬者假取湖草爲名依墩宿泊覺而掘發其骨紅潤亦異矣曰黃蠡曰馬曰白牛曰西晒有山十二曰梁家山曰刺山曰柴家山曰鯉魚山曰董家山曰洋山曰土長山曰石竹山名又

姜家山諸山不甚高廣隱約湖之東涘列如畫曰荷葉山如蓮葉浮水面謝泰興讜嘗築白鷗庄讀書其間〔明〕謝讜詩拳石浮清渚幽居倚碧霞簷頭蘿沒磴竹外水穿沙蘚徑雙吟屐鷗天一釣槎漁郎忽來到應是失桃花又草長不分犢徑鷗飛多向烟濤牧子斜陽短笛漁人淺水輕舠曰犂山曰馮家山曰饒節山當湖之上巋然與夏蓋若賓主者曰福祈山一名大山從西北一望數十里空濶無際其地曰鴈埠曰西花曰東花曰嵩城曰蔡林近嵩城者曰張湖近蔡林者曰菱湖自湖之北盡一峯崒嵂高出天半其形如蓋曰蓋山又云大

禹東巡駐蓋曰夏蓋山又云夏駕上有龍潭數龍出没必興雨潭東有夫人廟西有淨衆寺（謝讜詩）㘭谷藏幽寺曇花照淨臺草當青潤出風自翠微來樹暖鳥雙囀巖虛雲亂堆若教支遁在詩社定重開（濮陽傳詩）夏蓋山巔酒一尊常來因有濮陽墩酣餘指點半湖海村月無勞犬吠門（陳希周詩）仙踪何處訪此地有桃源曲徑萬松繞深林百鳥喧看雲人坐石載酒月隨船却笑塵中客常悲鏡裏天絶頂有亭嘉靖初别駕雷公鳴陽建今廢廟面海寺面湖亭則兼江海湖山之勝一大觀也自夏蓋而南上曰學正池元學正有經剖田爲之今遺址猶存在六都曰西洋湖自湖而近曰思湖蓋湖之北曰大海在縣西北東勾餘姚西入龕赭北負海鹽南抱邑壤

而汇湖之水宗焉距縣六十里自蓋湖而東北曰寧遠新興孝義三鄉皆倚海濱橫山在縣北五十里橫梳湖北其峯列九又名九峯山由九峯而西出河淸溝入湖不數里曰柯山山下曰柯水東入於海稍東曰嚴家峧由蛟過峽曰小越湖又名小穴以伏龍山上有公王墓穴故云湖之濆曰伏龍山在縣北二十餘里如龍首東伏龍尾西掉下臨小越市嶺有巨石橫四丈有奇相傳吳越公王墓南有鬧北有磨劍井井深七尺廣半之云錢王於此磨劍有嘉福寺寺前有井曰福泉曰牛頭山在縣北三十餘里曰上陳嶺

去嶺而南曰楊家溪溪源出蘿巖諸山注於白馬湖沿溪而上曰半山曰掛幞山（在縣北三十餘里）曰橫塘曰孔堰曰朱家灘（在縣北三都二十餘里爲七鄉水利之吭誠一置閘則川賴不淺況灘皆石骨又易爲力乎惜未講耳）由九峯而東曰東橫山稍南曰鳳凰山下有二池曰鳳池東清西濁如日月二眼曰五夫河（在縣東北三十五里）納下蓋白馬上虞三湖之水東達餘姚橫河而注於江有市曰五夫市（焦氏五子爲大夫故名見唐會昌余球記會稽賦）市中有井曰焦家井南有長慶寺東有清風峽月林書院故址（宋潘畤與朱文公先生講學於

此建

曰大寒峯曰小寒峯潘太常少卿府築室讀書處

明蓮玘記畧曰南山距越城三舍許提學潘公於是作藏修息遊之所焉蓋是山起自天台奔馳雲矗亘數十百里結秀於茲背接金罍首枕姚江萬山來朝勢若星拱冬夏蒼翠悠忽可愛中峯巉峨登之毛骨竦然若飄浮上騰而遊廣寒也故其名曰大寒峯左右有臺前森五湖萬頃沉碧艮屐倘坐有助吟適故名曰詠湖中有層臺北臨大海驚濤突來巘湧雷迅一一覽可極故名曰望湖乃大寒峯之絕頂也大寒峯之西北有峯其氣蕭然一也其形僂然俯也因名曰小寒峯小寒峯之下有地廣數百步廓然而塏坦然而平南山書堂建焉南山之西有谷岈然名曰靈著昭其産也谷之東有井冽然名曰寒泉嘉其性也井之北百步許有巒巘如名曰大雲嚮氣之自出也巘之側有山昂然來屹然峙者其名曰鷹山鷹山之西北有山伏而復起雙巒若翼兩池若目其名曰鳳山形之

肖也鳳山之南有平麓元朱白雲遯世於斯因名之曰雲麓表幽躅也東有茂林乃先世顯謨公養高之所因名之曰月林林之北有峽顯謨公舊於其下彈琴自適因名之曰清風峽存祖武也林之南有閣客至歘坐飲以香茗其名曰浮香閣之下有溪夾以桃樹飛花逐湍其名曰疊錦閣言其清溪取其文也凡茲十四勝者皆廻巧獻技以麗於南山書堂而書堂前有研珠池後有大極窩左有牛首山石蟠澗右有悠然岩清斯沼蓋自足爲一勝而又衆勝之所攸會也故名其勝者摠曰南山玘嘗從公及諸同遊者步而觀焉信其尤勝於吾越也　曰黃婆湖馬融故宅之西曰疊錦溪朱文公晦菴先生嘗於此講學焉宋朱熹詩疊錦溪邊馬融宅坐看春雨落斜斜石渠流出桃花片知是當年宰輔家　曰梁家井大旱居民賴濟不泛其泉甘而愈疾曰鎮山五夫

而南曰沙袋嶺土色若丹在縣北三十里曰花家嶺在縣西北二十五里曰蒸溪曰賈家池接白馬湖之水者曰破岡湖在縣北周二十里溉田二頃舊經云吳時望氣者鑿斷岡故名稍東曰姜山去縣十里有李莊簡墓一在十四都曰姜山嶺曰大查湖周九里三十六步溉田十五頃受蘿岩諸澗之水中有山曰龜山與湖相連曰小查湖周七里溉田六十頃與餘姚接境上虞地高東傾灌溉之利不及姚雲樓居多元末居民方定以湖爲田有妨水利周茂訴復爲湖詳見水利志曰查山曰大姚山與餘姚界從橫塘而南上曰眠犬山曰孝聞嶺漢包全所居有女以孝聞遂以名嶺迤孝聞嶺而西

日五婆嶺有泉不盈數尺味甘不竭中暑飲之即愈去嶺而西曰後山產茶佳甚迤山而西北五峯羅列當癸之隅曰五癸山屏擁縣治一云昔有人栽五桂樹其上又名五桂迤五癸而西北曰姜婆嶴嶴下曰皂李湖周一十五里唐貞觀初鄉人割田爲之受衆山之流南有東西二斗門置閘啓閉溉十都二十二都官民田一萬一千畝有寄詳見水利志迤孝聞嶺而東曰蘭皋山蘭花獨盛山下曰浪溪東流十里聲潺潺明姚輯詩一源出自蘭皋山水聲晝夜不曾息流出查湖漾晴碧晴碧倒浸蘿岩峯源流浩浩來無窮昨夜山中雨初歇桃花兩岸開春風漁郎不敢放舟入花開只恐迷歸蹤世人爭說有桃源桃源之說終茫然何如溪近我書屋浪水流

聲鳴金王曰蘿巖山丹崖矗壁雄冠羣山山半石上鐫蘿巖二字上有庵曰清隱有坎出泉未嘗乾溢汲山上不乏曰龍眼一名龍潭在縣東北一十里明葉砥詩何處登臨散百憂蘿岩絕巔思悠悠風雲今古尋常變江海東西咫尺流佩劍欲凌孤鶴背釣竿將犯六鼇頭誰能久厭寰中隘奐趣靈均賦遠遊謝肅詩絕巘岧嶢萬仞崇平看河漢亘長空清凉池靜魚吞月筀竹崖高虎嘯風興在石潭仙李碧夢同雲謝佛燈紅十年塵土今瀟灑來往當為禾蕨翁楊撫詩穿霧重來啓石扉油痕猶見舊書幢望臨晴樹開平野坐拂寒雲灑落矼叢竹可無棲鳳幹芳渠賴有濯纓淙芙蓉翠削霞端並螺髻青分月下雙秀拔東南連百粵氣吞溟渤帶三江烟巖射日爭雄長木磴縣冰自擊撞僧卓瑤泉飛錫杖客浮蓬海駕仙艘再經蕙幄如相待屢戰愁城苦未降謾剔蒼

苔看玉篆教鋤黄犢倒淹缸猿啼鶴斷知何意牧唱樵歌别有腔緩吹犬疑驚落葉遠騰烏豈避桂椿出陂魚罟歸偏晚入塢人家話更龍桂子含金秋兎孕溪聲喧鼓夜鼉燃丹丘杳隔人間世緗納殊請物外控宮綴天花珠顆顆簪吹風馬鐵鏇鏇笑談振谷傳餘響蹤跡凌歊裂混麗勝地似應留勝事名山亦合鎮名邦盡勞戀物詩清隱肯爲倫閑脫重扛轍掃終南非捷徑筆須大白是長杠跡庸不解登高賦醉倚擎霄千尺缸（陳有年和詩）散髮招提晝掩牕寒林淅瀝瀝禪幢時當憔悴移孤枕客有慇懃度絕矼今雨捫蘿青似沭故人載酒碧於淙烟開霽峯峯元竝瀾入霄臺壁自雙促坐一燈隣禹穴占星百里得虞江浮雲高檻空中出澹月踈鐘物外撞陶謝可逢應授簡蓬瀛安在欲連艭支離色借談間起忡惙心從覯止降巒岫亡論金粟界松篁目對紫霞缸試問山靈如有約却衆天籟别無腔潭幽倒映明河水不瘦長懸大地椿病覔九還除是隱笑逢二仲定非嚨論交初憶

勞亭接傾蓋翻憎別鼓擬歸夢連環春冉冉征途梲駕晚悾悾藥爐我寄祇園樹詩筆君飛武庫鑱剡曲情深眞見戴鹿門人遠誤呼龐廟廊湖海憐浮世德業文章愧此邦豈謂跫然聞玉趾揭來何以滌塵杠芳菲會識蘭堪襲斐亹猶期錦作杠誰道琪花偏異域吟邊草木倘成缸曰玉峯蘿岩山側有石壁立如美女女狀俗呼爲赤石夫人曰鄭鑑山曰大蓉山曰小蓉山曰黃郎山曰土山皆蘿巖之從山也自蘿巖而東與餘姚接境如筆而秀麗者曰烏膽山在縣東二十餘里曰屢賓湖曰牛眠石曰冉舁曰虎乂嶺曰筆竹嶺出筆竹嶺曰箭山近箭山者曰賀溪世傳唐賀知章嘗家焉溪北小橋刻賀溪橋字明徐希默

詩）清溪一帶小橋斜共指山陰道上家西望鑑湖流不盡雲蹤何處不烟霞（徐希濂詩）卜築名山事有無風流千載足師模不容祕監成貞隱且伴青蓮作酒徒此日清溪猶賀姓當年狂客儘人呼灘聲樹影時相逐春邑何須憶鏡湖

日倒轉水其水東南自四明歷白水而下西北自建邑歷賀溪而下滙於箭山獨一水自東北發源過烏膽西北逆流而南反合於箭山之尸然後縈紆九曲注於姚江爲世所無

曰曉山又名小山在縣東南二十里嵩仙翁曉行至一小山因以名之峯廻水秀雖無長林豐草而苔繡如茵騷人墨客多箕踞盤桓不忍去有泉爆突曰張家井溉田一千餘畝大旱不竭東北有

山峕崒峻拔狀如蓮花曰蓮花峯曰蓮花山有寺曰蓮峯寺寺傍曰梅仙井漢梅福寓此煉丹用以汲水自蓮峯東南而上從烏膽山來曰玉屏峯曰金烏峯曰晚闕嶺自玉屏而西南上曰黃竹嶺嶺上有蕭將軍廟過嶺而西曰茆轝相傳有茆仙姑於此成道曰金沙嶺出金沙嶺曰麻溪曰任轝由任轝而西南曰應轝由應轝而南曰車郎山山爲邑巽方萬曆間邑令林公庭植捐俸建塔其上名趨鳳塔自車郎山迴流屈曲而入曰鳳鳴山在縣東南十餘里昔有仙女跨鸞作鳳鳴至

山後士人立祠祀之號靈惠眞人常著靈異四方之以憂卜者殆無虛日祠左有洞曰鳳鳴洞濶丈餘深數十丈高如之雙崖峭聳懸石若墮飛泉濆瀑如珠如霧如布如翔鴻如舞鶴盛冬嚴寒或若氷柱或若氷簾奇怪萬變不可名狀歲時祈禱感應如響洞右石壁有小竇云眞人身隱其內石壁上刻詩云敲開石壁曾飛飲煉得金丹不賣錢壬戌五月丁未日滕悅顏辛刻竟不著朝代與邑里或疑神仙所題馬萬程遊記古人嘗稱越中千巖競秀萬壑爭流余夙慕之每有獨往之致萬曆壬辰歲冬隨家嚴讀書越之古虞知虞有蘿巖蘭芳仙姑洞諸勝乙巳春暇家嚴謂萬程曰此王謝當年遊

賞地春陰過半紅雨亂落矣何不續蘭亭之觴着東山之屐乎遂於春仲二十有五日偕虞中諸賢遊仙姑洞洞何名仙姑蓋虞父老相傳漢時有仙女霞冠羽衣乘鸞而下遂以此名洞云南去縣治二三里始入山徑松蘿夾道野芳幽然撲人路轉峯旋靜深屈曲仰望東峯石巷亭亭挿天策馬更進五六里許忽見巉巖孤迥鬱然深秀泉聲潺潺侵耳山路巉峻攝衣而上林木陰翳涼颸偪人乃直探溪雲深處空谷玲瓏奇峯削立中有一道飛泉政如玉屑明珠繽紛亂墜其下深潭靈屈疑有神龍居之吞吐溯湃之聲如萬馬奔如獅子吼令人靈襟覺思豁然一開恍惚蓬萊十二樓矣徐陳酒殽於洞之傍落花飛瀑沾人衣袖傳觴賦詩良久家嚴命一友吟何必絲與竹山水有清音之句蒲坐爲之爽然已而谷風習習如陰如雨清寒徹肌骨聞乃起步洞之巔登高極目東西諸峯左右環抱而蘿巖蘭芳諸山北面拱揖而朝則洞固神仙所闢空中必有五色綵霞覆此靈宅也山僧進

新茶毀之神氣倍清家嚴偶論樂水樂山之義在坐各有所領會夕陽在山野鳥呼應諸賢將吟咏以歸家嚴曰芳辰佳友談道賦詩亦千古樂事不可以不書萬程曰唯唯遂尙石紀之如此（宋史吕卿詩）何年雷斧鑿山裂六月蒼崖細飛雪孤鳧一去聲不聞海水桑田幾興滅我知仙去仙尙存時見真形坐岩穴青天半夜玉簫寒喚起幽人舞明月（戴俞詩）一徑深行紫翠開冷雲秋日護崔嵬泉流古洞龍長在石立空山鳳不來帝子空穿珠珮落仙禽巢廢玉塵堆懸知此地成真境別是緱山舊月臺（明車純詩）撚天風霧暗危嶠仙女曾從此地超洞口雲生疑結幰山頭鶴過憶吹簫飛泉挂峽銀河落高木懸藤羽蓋飄猶記乞靈如昨夢坐依岩竇聽丹霄（徐惟賢詩）步入南屏路百盤石門開處洞天寬丹霞繡谷三春煖飛瀑當軒六月寒仙女下天聞鳳至山人乞雨識龍蟠看來靈境堪招隱便欲投閒此掛冠（謝讜詩）携朋探勝跡丹洞足盤桓山鎖千年翠泉飛六月寒窗蘿縈斷石幽

馬度危巒仙子今何在空餘絳節看〔李培詩〕千尋瀑水響空林石峽天開罨樫陰欲問仙姑乞丹訣洞門巒嶺白雲深又崩崖削壁自青葱望外煙巒望裏淙坐處更憐秋色好數枝松影半林楓〔倪凍詩〕乘巒仙蹟渺難尋過雨松杉接地陰茅屋三家藏曲澗瑶泉萬斛湧高岑浮雲變幻千年夢盡日飛鳴一羽禽謾道小車遊興淺攜筇誰是昔人心〔徐希濂詩〕春風十里正花殷石磴紆迴澗水潺天外林香雙袖裏空中仙閣萬峯閒法雷夜夜廻笙鶴睛雪時時濕珮環落月殘鐘清夢曉應疑身綴上清斑

其下曰鳳鳴溪其泉下古李溪入百雲湖即舊所云南新河在縣東南長三百餘丈內有橫壩一帶溉田九頃居民割田爲之一支從東五里至舊通明壩〔楊珂詩〕四明山盡到通明春水隨潮泯不生隱隱雷聲驚乍起却疑身向禹門行〔謝讜詩〕金罍山下百花明雲獄溪頭綠水生準擬今春多樂事不妨長日馭風行

下曰省河一名潮河長千里至安家渡入姚江以殺運河之水省河之下曰通明江在縣東十餘里一雨久則淤積爲灘曰七里灘一在都四明諸澗之水皆注於此地勢高仰灘流常壅非大迅不得行船往來告困故於鄭鑑山下新置通明壩以便舟楫詳見水利志舊通明之東南曰包村港曰新安閘自孟宅河下從東過陳大郎橋至包村約十里溉田二十二頃舊水源東瀉爲确土萬曆二十四年邑令胡公思伸下車即詢父老得其故置閘蓄水田爲膏腴詳具水利志明倪涷詩君不見虞山崒嵂接天平豐隆送雨天河傾又不見甫田十萬縱復橫暮方苦雨朝憂晴天地難全從判剖裁成自有經綸手鰲跳俄驚岡阜連亙蟠不放蛟龍走長隄錮玉滙深浦烈日飛茸作霖雨闔闢乾坤造化權謳歌德澤仁明主四郊稻熟天風香玉粒紅鮮百萬箱輸租不用追呼吏簾捲琴堂白晝長

地靈停蓄人文開盡道龍媒渥水來讖云蘇子堤湖蹟翻是文翁化蜀才公堰民田立民命民碑公堰留公姓烝嘗千載軼西京召伯井棠良可並世事滔滔猶巨浪狂瀾萬里儔能障望公鍊石補天漏于溶紅日扶桑上又香風十里拂旌于露冕郊行興未闌豈謂夏變年思舊日還將樂事屬新安金鰲巨浪連雲卧玉峽飛虹帶月看茂去鬧而東二十餘里曰虞山又一在縣西南三十里蓋有二虞山也宰擔愉能久任儘留孤碣映寒湍去鬧而西曰

東明湖在縣東周一里餘荷花盛開香聞數里遊者每刺舟其中酌酒賦詩採蓮而歸亦避暑勝地

湖之西曰水東精舍又名奎文閣在縣東隅以虞東偏空濶水瀉邑令楊公紹芳建

皇清康熙四年新改東嶽廟僧慧源募建前崇禎甲

戊邑人陳維新以虞邑風氣所聚捐貲建閣在曰羅星墩如印浮水中曰聯登橋歲久圮壞康熙十一年二月邑令鄭公僑捐俸重建渡橋而北曰文昌祠祠後曰奎文塔皆邑令朱公維藩萬曆間新刱由莟而東數里曰新通明（明）豈道生詩野寺初鳴午夜鐘江雲未散月朧朧帆檣亂集爭車纜水石相平乳未龍青眼途迎多笑語白頭一去又春冬壯遊擬到峨眉頂爲乞仙人九節筇復下十八里曰下壩壩下即餘姚江矣由莟而西不數里稍南曰孟宅閘洩運河之水以入江元至正間府吏王永修築之詳見水利志（明）葛焜詩合浦傳遺事循良漢史書東郊青草合誰識孟嘗廬曰明德觀觀迤邐而西西不半里進士坊北

曰焦家井舊經云昔焦贛卜地穿井得泉甚甘今名焦家井夏月運河斷流其泉不涸啓文門內外數里之家皆取汲於此一在巽水庵左曰沙井泉井而冽冬夏不乾居民賴之者不下數千家且宜於酒開涇巽方入城玉帶溪以達運河云

形勝

周公營洛衛文徙楚形勝之關於都邑也尚矣虞據江海山溪之會孕靈毓秀蔚爲人文古昔名賢樂居而傳譚之蓋有自哉雖然豈徒遊觀已爾子輿氏有曰地利不如人和殆有深長思乎志形勝

三樓屏列於南東西百樓五癸周環於北一名五桂左右有娥江舜江之流前後有金罍玉帶之秀縱覽四交山水吐吞高峯掩映居然大觀誠他邑之鮮儷者也然而安土休養鼓腹太平此言其常若夫一旦封疆不靖如晉之孫恩元之方寇明嘉靖間倭寇剽掠荷戈帶甲道百官破松城由小嶺渡曹娥要在先發以制人不可驟以形勝爲登眺之所藉曰天險斯得之矣

按邑治舊在百官瀕江蕞爾其蹂躪於孫寇無足

惟者然不知今治之在當時豈盡町疃之場耶漢永建間會稽守周嘉請分南鄉爲始寧縣蓋慮其地曠遠而鮮制馭故立治以爲之犄角耳余以所聞晉謝靈運嘗率家僮數百人自南山伐木開徑直抵臨海太守驚謂山賊趙宋時倭寇突至上山鄉土人柵木以禦之不能破今謂之寨嶺則南鄉知三界宜有備也宋亡張世傑舟覆於海其潰卒闌入焚掠靡寧元末方寇據有明州截姚江以西拒屯札於通明堰先是虞城止一里乃假此增築

至十三里則姚江不足爲我屏障東鄉宜有備也明嘉靖乙卯島倭三至城下㒺從餘姚篠嶺而入則東南鄉宜有備也北自袁崙築匽以拒孫恩之後幸久無事所以湯信國撤虞城而城臨山者亦袁匽之遺意又於沿江一帶設巡檢司如廟山黄家堰等處以與臨山爲聲援是北以西之江鄉宜有備也虞固非必爭之險而環顧四郊無可倚恃脫不幸饑荒洊仍宊癘間作一旦盜乘其隙豈得令閭舍之弱民安枕阽乎故當内練丁壯外謹烽

堠遣令村隘以譏察夜嚴街鼓以巡警防守圉而備禦周庶乎潛杜不逞者之狂心而可以應卒此爲眞形勝也若夫登眺遊泝艷騷壘而侈豐洗則太平之景象所云虞人家常已矣

風俗

甚矣風俗之始於漸濡也化媺則讓習靡則爭始于不可知而成于莫可挽要在樹標者察其幾而善反之耳昔王烈居鄉鄉之人且望閭而化況有師帥之責者乎志風俗

虞自昔舜支庶所封漸被聲教民習於勤儉安於耕織不樂商賈以故富籍無千金之產臧獲無百指之家內外之辨甚嚴貴賤之分不遠士勤誦讀尊師友以廉耻爲尚以氣節相高明嘉靖嚴嵩當國權傾中外虞入仕籍者輒毅然首斥其姦雷霆震加彈章踵接至其父子有云天下容我獨虞人不能容我此可以槩其俗矣風會雖趨直道不改虞由古之虞也而邇來習尚侈靡更相煽效節嗇之遺稍變樸茂之風頓殊是非長民社者躬先教化

興學士大夫遵矩而倡導之將安終乎

男率于十五歲以上值元旦清明冬至日冠女臨嫁

日笄拜天地宗祠及尊長若夫三加訓戒以行禮

者尠矣

婚定于納采鮮行親迎之禮頗重信義輕財貨故女

家無朝諾夕更男家亦不責荆釵裙布親屬款洽

即數世猶相往來至於門第之别親戚之分處故

斤斤迺今則稍脱畧矣

居喪頗循古禮然習于儀文多修酒饌以延客用浮

屠以超度盛薦殯以炫觀夫宗人執事者膳之固宜舉族畢贊食喪家畧無哀憐之色此豈人情也而力有不支遂創爲擇日開靈之說至于溺堪輿家言停柩不舉鄉閭有一室數棺有百年無一抔土者嗟乎親喪惟所自盡吾不知虞之作俑者誰矣

祭則家各異時忌日無論貧富皆知行之然止列羨飯香燭成禮而已清明必特牲以祭重展墓也至于祭畢飲胙有因而使酒凌尊樹黨修郄致傷族

誼則末俗相沿之弊矣酒以成禮不繼以淫爲家

督者安所逃其責焉

元旦男女夙興遠近爆竹相應焚香燭拜天地次詣

其夙所設先人主及遺像所率卑幼拜之已男女

序拜其尊長誨且祝卑幼亦以次交拜男子仍盛

服詣親友稱賀[illegible]閭亦以酒食相款接曰歲假凡

五日畢

立春先一日邑令率所屬迎緑仗土牛自東郊入

男婦競觀于途即近鄉居民挈老幼雲集若狂次

日鞭牛以鼓樂導送各鄉士大夫而鄉人亦以土牛之色爲旱潦豐凶之兆

元宵街市接竹棚懸燈或于衝衢架鰲山各社廟賽神以鼓樂劇戲爲供陳設古器奇巧相角等慈寺月臺上里中少年於月下較武聚觀如市貴遊好事者放烟火爭勝自嘉靖間倭寇犯境遂不復再

清明墓祭郊外如織必加土懸紙錢于上以示封樹近乃有向無主而荒蕪若一旦隳土成墳此又欲爲攘奪假此爲之媒也種柳仍然禁烟則不矣

端陽家各以角黍饋遺設蒲觴屑雄黃其中佩用艾
虎及綵符云以辟惡間亦有以是日祀先者採藥
禳災競渡於午前爲之
夏至各具麵爲祀
七夕間有宴以乞巧者十五日俗謂蘭盆以齋素祀
中秋夜設酒果于庭中以玩月十八日觀潮曹娥江
滸
重陽新友亦糕果相遺祀先如午日好事者邀朋好
登高

冬至祀先用牲醴視常節稍隆惟不拜賀丐人飾鬼容執器仗沿門逐疫如古之儺

除夕換桃符神荼鬱儡洒掃堂室爆竹不絕聲設牲醴祀神祇謂之送歲仍家祭其先夜則羣長幼坐飲歡笑以爲分歲亦有終夜齊坐稱守歲者

四民之中有戶以丐稱者例不得與良民等相傳爲宋罪俘之遺然遠不可考會稽志謂其如人身之瘤蓋其男女業非四民之所業而四民亦恥爲其業至于通良家婚姻之情毋視利之多寡爲是非

善爲流言煽惑巧於貿易衣飾乾沒如鬼蜮於所貿易家伴女出嫁或因之以竊襁褓甚而離間骨肉如寇讐傾陷親戚如秦越豈止如瘤已哉近又有尼削髮披緇專於富貴不閑禮義之家假神佛因果紿誘婦女拜師持齋赴會聽講傳經種種淫邪之說一賺其中如素帛點墨力湔滌不能去也爲害十倍過之不意丐之外又增此一蠹乎

上虞縣志卷之二終

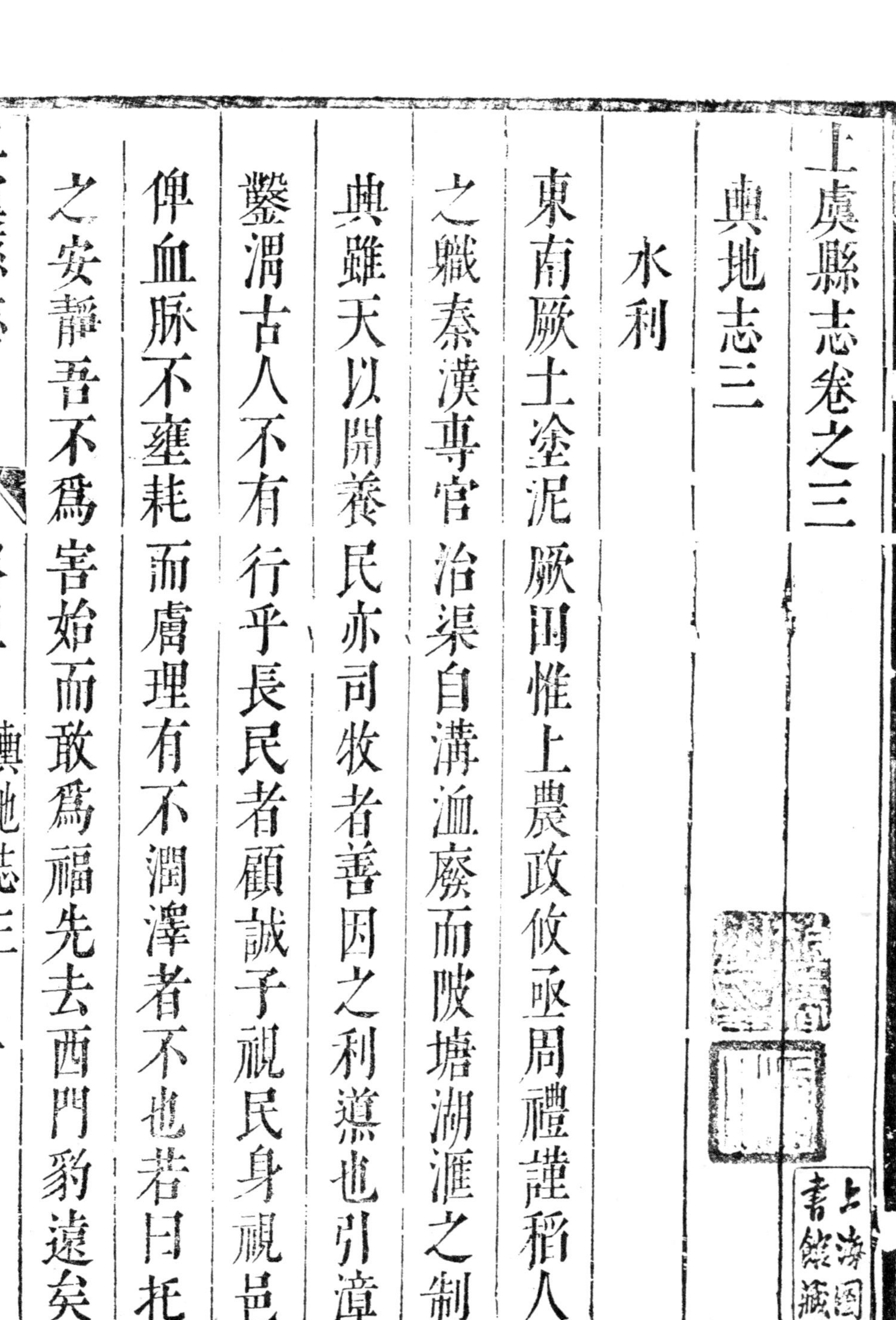

上虞縣志卷之三

輿地志三

水利

東南厥土塗泥厥田惟上農政攸亟周禮譁稻人之職秦漢專官治渠自溝洫陂而陂塘湖滙之制興雖天以開養民亦司牧者善因之利導也引漳鑿渭古人不有行乎長民者顧誠予視民身視邑俾血脉不壅耗而膚理有不潤澤者不也若曰托之安靜吾不爲害始而敢爲福先去西門豹遠矣

志水利

按虞地大槩中阜而上仰其土不潤西界以娥江北阻于海東沥而水盡走于姚南峙重山其性磽确時雨降則羣壑之水若懸瀑而下注雨息則涸可立待矣四境之田濵山谿者或決澗溜或汲泉井賴此幸濟而曠野中非池塘無所取溉乃至負郭亦惟運河一衣帶水水竭則夾河而田者束手坐困故爲政而講水利莫虞急也考古圖志爲湖者凡若干爲溝堰等者凡若干無非以蓄水而備

㷂古人之良法具可循已遡多佔佃壅塞豈無黄
鵠之歌然以秉耒耜者與豪右較其勢不敵矣封
洫之法廢于官而畛域之規亂于下奸者執爲古
蹟儸者鄰于上聞貧者委于力孤强者掩爲已物
欲農無饑胡可得哉嘗讀考工記得所謂作溝防
之法甚悉今邑之湖陂及諸記述者皆其法也爰
詳之以爲農事者告

湖陂

大查湖一都在縣東北受蘿巖諸澗之水周九里三

十六步中有龜山溉田十五頃
小查湖　與大查湖相連周七里溉田十六頃與餘姚雲樓鄉接境地勢東瀉灌溉之利姚居其贏焉元末居民漸墳爲田周茂訴之 部使者劃復之然兩湖之要害惟在夾塘成化初吉 公惠來令大爲修葺廣博堅厚利賴迄百餘年後漸 圮無有繼之者民苦弗歲至嘉靖庚申丞蕭與咸奉 分憲張公可述檄乃督率而增修之有姚憲副公鳳翔記 記曰虞二十里有大小兩查湖北納龍巖查鼻溪並諸山溪之水而界在姚境西亢東傾滂流徧注[illegible]所

蔭而旁及者尚多湖南之堤長七八里爲竇者四爲閘者二以時啓閉而導其流于河河自通明距江口壩長一千八里爲越明運道支分港瀆一十三處逦南一帶俯臨大江有九塘以遏水塘各有竇浮塗陡崖孤虚善崩江潮穿嚙罅漏失塡旋至大虞驟溜直瀉如沃焦釜罔遺涓滴一塘竭則諸塘瓶罄而河亦成陸農旅告病則必取給于兩湖之水苟平時有瀦庶幾恃以無恐如其無備束手待斃矣兩湖雖連而高低迥絶横中一塘實其兩界長亘一百五十丈有奇俗呼所謂中夾塘是也是塘或斷則上流涸倒勢若建瓴奔騰奮激下湖畔岸併爲衝决而亦不能瀦天順丙子之災湖底龜拆四野絶粒至今憫焉蓋兩湖要害全在夾塘兩湖爲一方之命脉九塘襟喉而夾塘其關鍵也欲瀦兩湖須防九塘其于夾塘尤宜防以時培茸可也成化初縣令吉侯惠曾一大修趾濶五丈而縮三丈高一丈餘崇博堅厚民賴攸墍百餘年未聞有繼之者歲時剥削非復故址霖雨暴漲風濤

震撼岌岌乎東章蕘以壅蔽患處荷延旦夕歲以爲常民甚苦之庚申歲鄉大夫侍御周公如斗以制家食軫念桑梓乃具議於分憲張公可述檄下判府林君仰成日事關澤虞爾有專職其速舉以報林君曰地分兩界誰能兼之委任責成其二丞乎乃以于港橫塘石湫等處隸姚者屬之江侯東鳴而其重且難者則吾虞蕭侯獨當之侯奉命惟虔單車信邁逼歷其地相視形便次第經營履畝以差夫計程以授役量日以命工乃捭九埭載閉其壍壘竇截江以塞病源乃協南堤亦塈于昔惟竇惟闢毋俾旁隙而卒乃率力於塘申令糾衆大舉合作起頹補缺平塌實壑增廣一丈高三尺以復基之舊椿杙編棘以爲之衛樹之柳以護之君思豫制堅圖可久經始于秋九月三閱月而告竣事塘成未幾會今歲大潦兩湖底定而水無泛溢然後知一塘之爲力也予始號于衆曰觀河洛而思禹功有所歸也於哉斯塘吾儕其有賴乎微蕭侯賢勞任事其何能底績若是哉鄉老周輪等丘

有道旁且書其實使後之觀者有所鑒焉

破崗湖一都 破崗者吳時望氣而鑿斷其山崗故名湖在崗坂之下舊志西受孔堰閘北合驛亭河水入長壩

白馬湖一一都 在夏蓋之南環系二三十都創自東漢周四十五里八步三面皆壁立大山三十六澗水悉會于湖中有三山曰癸巳山羊山月山旁有清開溉永豐之田四十餘頃水經云白馬潭深無底創始時塘堤屢圯民以白馬祭之又夏侯曾先地

志舊名漁浦湖晉縣令周鵬舉常乘白馬入湖不出人以爲地仙由此得名事見遺德廟碑記宋政和初有嬖臣廢湖爲田時執政疏復之入元豪黠兢佃而湖遂廢至正十九年令韓公諫移書池州路税務使徐煥文領其事除元科田數而餘盡復爲湖有張守正記

記曰白馬湖距上虞縣治西北半舍所三面環大山複谷周四十五里受澗三十六而瀦其中其地則當邑之一都良田接畛縈青繚白嘉穀屢登實有藉于湖之力也方春潦暴漲或不能容則澤溢奔放窪下罹害唐長慶中民始闢夏蓋湖以疏其勢限以隄防節以堰埭視盈涸時啓閉沾溉永豐上虞新興寧遠孝義五鄉水利之興有由然矣衍白馬東北曰

築橫塘通一溝以達灌注去冓數百步作孔堰以蓄洩宋政和初嬖臣將利嘗廢湖爲田時執政疏於朝力請復之事具史典及碑志入明朝以來民有獻言於營田使以瀕湖多高仰沃饒願湮爲田既如其請則豪黠兢田各私其有日增月廣滋蔓莫禁湖之存僅一綫旱則獨專其利澇則決以病民爲害莫甚至正十九年冬安陽韓侯諫來尹茲邑勵心民事考覈田賦以白馬之田廣狹莫稽賦入之數多寡不一將究正之會軍旅搶攘日不暇給乃致書前池州路税務副使徐煥文領其事徐君遂即其形勢相其源委躬驗虛實得元佃田九百九十九畝一角一十四步計丈數以從其實畝賦二斗二升一合五勺得糧二百二十石三斗四升六合比元當元科之數其他舊侵田悉復爲湖既而以地方田形第上下爲號繪列爲圖仍以畝步糧數承佃姓名具載爲籍每段置由一紙俾執左券更築新塘以限内外凡三百一十八丈六尺高尋又四尺廣如高之數浚其上爲港以便舟楫

橋其上爲道以通往來孔堰舊築以土隨修輙廢慮弗經久議改爲之遂累石爲閘俾沾溉之家亂出斗粟饒于田者沈仲實出內之灰石工匠之需不敷者顧欒補助屬者艾何文惠以董其役他凡溝港近接山溪沙礫壅滯歲久且窒君悉俾疏濬之由是白馬湖水灌沃利澤遠及矣余惟自井地溝澮之法廢凡陂塘川澤麗于九州者天地自然之利也然能疏導瀦洩以順其潤下之性因民之所利而利之長民之責也韓侯視政有古循吏之風而徐君復能夙夜注心不憚勞勤於是經界既正而糧石以均功成于一時而惠流於永久可無紀述以垂無窮乎故爲序次俶末俾刻諸堅珉俾來者有稽焉時　至正二十一年也　及明朝則居民屢廢屢復佔者滋起前令徐待聘莅吾邑與夏蓋湖合議剗復而事猶未定

上虞湖十都在夏蓋之南白馬之西亦創于東漢周三十五里中有山曰兮家山印祿山佛跡山旁有薛章堰水經謂之上陂蓋傳者之訛也其形勢與白馬畧同唐地里志上虞西北有任嶼湖會稽志載謝陂湖去縣西北三十五里又有皮湖去縣西北三十里舊志云皆上妃別名未詳

夏蓋湖在縣西北四十里北枕大海海岸有夏蓋山湖亘其南環湖系三四五六九十都唐長慶間承豐上虞寧遠新興孝義五鄉之民割巳田爲之周

一百五里瀦白馬上妃二湖之水以防旱地勢東低而西高旁列三十六溝其溝在湖東者一十八所自驛亭至蓋山曰經仲溝蔭二都六保三都三保曰驛亭堰曰賞家陡門蔭二都鎮都曰朱家窪曰小越堰曰孔涇溝曰河清溝俱三都曰干山溝蔭三都三保四保曰柯山溝曰徐少溝曰十八保陡門四都山前曰曹稽溝又名陸家溝曰杜兼溝曰李長官溝四都山後曰茹謙溝曰方村溝一名潤河口曰居涇溝曰張令溝五都蓋山前其溝在湖西者一十八所自穰草堰至蓋山曰百官溝

又名鄉亭堰曰九步溝曰新建溝曰捍江溝又名鹹塘頭曰柯莊溝即前江壽生橋曰炭堰俱十都曰花滓溝曰茭葑堰曰蕪州涇曰短涇曰沈涇曰薛涇曰桃涇俱九都曰丁瀆曰桑家陡門俱六都曰徐家涇曰謝逸溝曰西磋溝五都山西蓋由諸溝引灌五鄉田一十三萬餘畝湖計七千一百五十有三丈東二千五百七十丈夏蓋山頭東平至簟浦坊前五百丈茹謙三保管簟浦坊前至茹謙溝三百六十丈寧遠鄉管茹謙溝至柯山溝一千三百五十五丈永豐鄉管柯山溝至福祈山一

百三十五丈福祈山北連蔣家山南並以山腳爲界蔣家山南至王家山北係小穴塘五十丈王家山南至牛頭山北八十丈牛頭山北至山南並以山腳爲界牛頭山南至驛亭經仲潰九十丈各屬上虞鄉分管西四千五百八十三丈穰草堰至新建堰四百九十丈上虞鄉管新建堰至葉琪門前一千五十丈孝義鄉管葉琪門前至茭葑堰一千九十五丈新興鄉管茭葑堰至薛涇六百九十丈孝義鄉管薛涇至夏蓋山頭西瀧一千二百五十八丈西規至東平係夏蓋寺

連山隔斷並以山脚爲界與寧遠鄉管凡堤防之制闊廣二丈五尺上廣一丈高如上廣之數每塘一丈間植榆柳一株如遇坍塌隨即修理蓋虞之水利唯三湖爲最鉅故其制亦視他湖爲最詳也宋熙寧中漸廢爲田元祐四年吏部郎中章楶奏復之政和中明越二守樓异王仲嶷又廢爲建炎四年給事中山陰傅崧卿郡守餘姚陳槖爲刑部侍郎上書陳利便書曰古人設湖限以備旱歲王仲嶷建請以爲田乃引鑑自然淤澱以成田陸爲說又有不妨民間水利之語其欺罔甚矣然佃戶粘請之初各有畝數不敢侵占當時湖之

爲田者纔十二三佃戸止於高鄉處作捺未敢涸
湖以自便民田尚被其利但滀水不如曩日之多
故諸鄉之民歲歲有旱處比年以來局佔不已今
則湖盡爲田矣上虞餘姚所管陂湖三十餘所而
夏蓋湖最大蔭注上虞新興等五鄉及餘姚蘭風
鄉皆瀕海土平而水易瀉今既涸之爲田若雨不
時降則拱手以視禾稼之焦枯耳非惟赤子饑饉
僵踣道路而常賦虧欠尤多又況每遇旱歲湖田
亦隨例檢放昨見上虞丞言曾蒙上司差委相度
湖田利害因點對靖康元年建炎元年查檢放外
兩年共納五千四百餘石而民田緣失湖陂之利
無不患旱兩年計檢放秋米二萬二千五百餘石
民間所損又可見矣有損於公有益於民猶當爲
之況公私俱受其害可不思所以革之耶建炎二
年春邑民嘗訴湖田之害於撫諭使者使者下其
事於州縣上虞令陳休錫遂悉罷境內之湖田使
者以未得朝廷指揮數窘之陳不爲變是歲越境
人旱如諸暨新嵊赤地數百里獨上虞大熟餘姚

欲之而上虞新興等五鄉被夏蓋湖之水尤爲倍收向使暫令行之不果則民式汲就下隳矣　豪

餘姚人政和上舍第歷官監
察御史權刑部侍郎知婺州

紹興二年縣令趙不惜言於朝吏部侍郎李光又力爭其略曰一方湖田乞比較與湖爲田以來所失常賦孰多孰少乞復爲湖得旨仰知越州張守具經久利害以聞守上言本府過近大海田帶鹹鹵稍無雨水則苗稼便傷自有湖水灌溉頻年豐熟政和間知越州王仲嶷奏請以湖爲田專爲應奉之用遂使民田頻遭旱傷官中雖得些少租課而緣此減放苗米甚多民間爲害尤廣今相度到上虞夏蓋等湖一十三處見今改爲田計一百三十一頃三十四畝餘姚汝仇等湖一十三處見今改爲田計八十一頃四十九畝建炎四年上虞收湖田米三千四百四十九石檢放過旱傷苗米八千九百一十八石餘姚收湖田米二千四百四十四石檢放過旱傷

苗米二千五百二十三石紹興元年上虞收湖田米三千五百二十五石檢放過旱傷苗米四千八十八石餘姚收湖田米二千一百七十一石檢放過旱傷苗米六百八十七石恭此兩年號爲豐熟其藏收之數以所收補折外官中暗失米計四千二百三十六石民間所失當復數倍觀此則變湖爲田誠爲極弊如將上虞餘姚湖乃得復爲湖有田復廢爲湖委是經久有利無害

復湖謡 方元若

謡曰壞我陂了仲嶷奪我食使我饑天高高無所知復陂誰南渡昨

罷湖田記

記曰上即位六年江浙初定河淮未通臨朝怫怡視古有愧凡有害未寧於民及所所謂而不可行者皆廢行之乃以五月己巳部罷上虞餘姚湖田復民願也夫會稽郡負海面常苦涸資湖以灌溉非他郡可比自東漢以來莫敢廢也政和間逐末之說起變古之辭用十波泛洋漫不少斬分散四次競施厥功由初迄今貝黨受弊穆穆布列有號不知資政殿學士毘陵張公

守帥浙東韶公以利害聞公遂條上湖田病民所邑爲肫宜亟罷之詔可闔境之衆讙呼鼓舞謂上恩勤恤不得賦入患百姓而非公精誠爲人主倚信亦安能以一語而除萬世之害神速若此昔白公穿渠民得其饒歌之曰田於何所池陽谷口鄭谷在前白渠起後舉鍤如雲決渠爲雨衣食京師億萬之口翟方進去陂枯旱追怨童謡曰壞陂誰翟子威飯我豆食羹芋魁反乎覆陂當復誰云者兩黄鵠由是觀之湖之興廢利害豈不大相遠哉公既成露門之學入覲戒期猶拳拳不巳命僚屬以所被明詔刻諸石而仰元若書其後詩曰德輶如毛民鮮克舉之我儀圖之後之君子必有感於斯言以無忘公之志紹興二十年七月庚申左朝請郎主管臨安府洞霄宫方元若記立石府治西壁

嘉熙元年或獻於福王府時邑民張康等爭之得免監潭州陳謙有水利記 記曰嘉熙丁酉濱湖民徐文才託之王府欲湮

湖爲田鄉之士民張康等具詞涇皇弟武康軍節度使陳訴曰夏蓋湖雖周圍甚廣而水源悉出上妃白馬二湖今來徐文才輒以上妃白馬爲漁浦湖打開湖閘泄放湖水竊恐府第一時被其籠脫未必深知利害乞移文照會使民戶永被隆天厚地之賜奉鈞判涇湖爲田既無舊跡妨人利已亦非本心府司給榜仍牒縣約束士民爲立石於湖東之長慶寺以記其事記曰切惟上虞之爲邑其西北濱海每患於水洩而多旱由古以來有三湖瀦水爲旱歲之備曰夏蓋白馬上妃是也古人憂深慮遠其規模經遠委曲周密靡一不盡既爲之堤以防其滲漏又爲之閘以時其啟閉凡受水之處各爲堰埭限其所往以杜其爭東西二鄉擇士之有常產有幹畧爲鄉評所服者各一人以司之而總其事於邑之上佐其鄉有七田以畝計者殆於二十萬若歲大旱苟積水存焉磨鎌治地以俟其獲爾必無他虞也民生之休戚關於水利之得失其重若此嘉熙丁酉濱湖之民有欲潭湖爲田

而記之王府者鄉之士友相顧無策自念與其默閉而窘懼孰若冒昧而歸投擇日齋沐連名奏記控敘懇悃而皇弟武康軍節度使洞燭事情曾未踰時大書特筆謂利已妨人非出本心且移文於邑揭榜於鄉雷動風馳雲行雨施歡聲四起有若更生仰惟深恩厚德無所論報謹刊樂石昭示後來縱自今一方士民孫曾雲來過斯碑之下徘徊顧瞻懷恩感慨將與此湖爲終始有若峴首之思羊公云是歲五月初吉儒林郎監潭州南嶽廟陳謙記

元元貞間或言之營田使者湖復湮矣至正十二年翰林林希元來尹定墾田數□悉爲湖十六年旱又有乘間竊種者尹李公溥復之幾盡十七年建南臺於越兵皆田於湖湖廢而涸賴御史察知禁止十八年或又獻

於長鎗軍者尹韓公諫言于督軍郎中劉仁本獲寢戶部尚書貢師泰爲之記記曰上虞西北五鄉曰永豐上虞新典寧遠孝義五鄉有[illegible]湖曰上妃白馬夏蓋而夏蓋湖實承其委其周一百五里其門三十有六其溉一十三萬畝其賦一萬石奇中有潭名鏡潭雖大旱不竭而其支流餘潤又足以被會稽之延德餘姚蘭風一都三都之境其爲利亦[illegible]哉湖自唐長慶中民始請割田爲之仍令受水者包其所輸至今五鄉倍他產然其地勢依江枕海鹹鹵浸淫傷敗禾稼東南又多大山深谷一遇暴漲則奔潰莫禦旱即枯涸可待故其隄防啓閉之法視二湖爲尤謹疊堰分埭以時瀦洩限畀畧刺以節多寡序次先後以均遠近而免凶荒捐瘠之憂官無侵奪紛爭之訟矣宋政和初越守王仲嶷嘗廢湖爲田得不償廢南渡後吏部侍郎李光縣令趙不摇疏于朝盡復爲湖嘉熙丁酉幾奪于福邸五鄉民張康

等閭詞爭之乃已始末具見碑志及通鑑長編國家内附以來屬時屢豐水利不講居民乃竊緣堤高仰以私播植元貞間或言之營田使者得田二十頃粟五百石然自蔓延莫禁湖之存無幾至正十二年翰林應奉林希元來爲尹遂定其墾數俾悉爲湖十六年夏旱豪民乘間竊種其禁復弛縣令李睿力復之明年春行御史臺移治會稽駐兵縣境或妄謂湖膏腴可屯田典兵者惑於察識一旦竭如焦釜所得僅自許石而官民失利不可勝計御史察知其弊俾常賦於官者田如初他皆諭罷明年又有獻之長鎗軍者縣尹韓自行言於分省時左右司郎中劉仁本督軍至縣遂阻止之於是積水盈溢惠及遠近而湖之利益博矣又明年父老相謂曰湖食我民生死倚之不有紀述將何以示來者具以狀請切惟溝洫澮川之制廢陂湖池塘之利興而孫叔敖史起鄭國召信之流各以治能名於時其載之史傳者斑斑可見迨我國家内設都水監外立庸田司郡縣守令皆知河防兼

築堰凡所以爲生民計者靡不周密而深遠矣尚何弗修厥職往往使已成之業湮廢崩潰哉且是湖也旱則決水以灌田潦則蓄水以入江用力寡而成功多與諸河較之實相倍蓰故不敢重違父老之請而敘次其故用刻諸石豈徒爲豪強奸貪之警庶幾長民者知所勸焉中順大夫戶部尚書貢師泰記立石横塘廟左種善堂

迨明旁縣無賴盜決防海鹹水乘湖而入稼受其禍至於洪武辛亥冬臨淮唐公鐸自殿中侍御史出守會稽躬行海上復古堤仍爲二閘而湖水滀以溉田者如故迨正統間豪民復肆佔佃德州守顧琳奏除之及成正間奸民李崇洪貴等冐奏佃種起科聽選官潘用俞瓚等奏

寖之至于嘉隆間復有徐應元等投勢轄衆淤湖爲田當事者又屑越視之而五鄉民始不得不與之爭矣萬曆元年王茂貞乃特具奏其畧曰上妃白馬二湖承瀦諸山七十二澗之水以滋種植但湖小田多流蔭不周唐長慶二年五鄉人民割己田添置夏蓋一湖周一百五里旁列三十六溝由喉注腹由腹散支湖供田水田包湖賦永爲定則又慮西北高阜東南低窪水若一決潰若建瓴故於孔堰曹稽溝横山等處設閘壩以嚴啓閉若佔湖一畝妨害田水一十六畝七分今歷年以來累被刁悍佃佔春初則大開孔堰决上妃白馬二湖之水以遂己之東作及各圩種畢則分瀝夏蓋之水以便己之車戽向之順入下腹者今反逆出于喉矣以勢較則不敵以公訴之則無杜向使湖可以爲田則昔人何必割田爲湖云云語甚悲切得

上諭吉下工部咨移兩臺轉行會稽令楊公維新
同縣令林公庭植勘申已得要領遂如議覆奏奉
旨行矣工部覆本爲豪強佔湖洩水懇乞行查
以全國賦以救生靈事都水清吏司
案呈奉本部送工科抄出巡按浙江監察御史蕭
題稱據浙江按察司提督屯田倉糧浙直水利
兼理鹽法河道僉事董 呈稱蒙臣批據水利道
呈詳查議過上虞縣上妃白馬夏蓋三湖緣由蒙
批據呈似尚草率所與因仍開復二頃未有的數
頃畝及分別疆界不惟無以永利已久亦且難以
塞責目前本道仍行兩縣官再加勘報蒙此案照
先蒙案驗該奉都察院勘劄前事行道備行會稽
知縣楊維新上虞知縣林庭植會勘申道備由呈
詳蒙批前因復行二縣中稱先該各官親詣三湖
處所拘集耆里業主人等查勘得三湖創自漢唐
瀦水灌田實五鄉民利祗因各湖高阜處所原有

額田小民因將近田湖地屢次佔種各經　奏勘
立碑禁革豪民仍復侵佔至嘉靖三十九年有民
徐應元等獻與佃爲實業呈蒙軍門都御史胡　批
府行縣踏勘不准但所佔前田尚未吐出至嘉靖
四十一年間蒙丈量該本府通判林仰成即作原
田丈出多數入冊糧差訖丈量之後各民復佔成
田太多且地勢漸低必淺水方可佈種因人開孔
堰等閘以致湖水少蓄灌漑無資一遇旱魃五鄉
遂至啼饑及今不禁則侵佔之漸猶不可止而五
鄉之害又不可言所以王茂貞等有今日之　奏
相應查照原額盡行革復但念前田承業既久糧
差已定卒欲更復不無動衆之患議將嘉靖三十
九年以前佔種者仍舊管業置立疆界分別湖田
三十九年以後佔種者悉退爲湖在上錢糧即着
五鄉居民包辦又且新佔湖田比之額田地勢甚
低所以得佔種者爲諸閘之不謹有以洩水故也
若湖水常足自難成田而侵佔之源可塞議將孔
堰閘築塞堅固其餘小穴諸閘重加修砌設立閘

夫老人司其啓閉仍立碑禁諭如有仍前盜開併
侵佔湖田比例問發　題爲永制廢水利可久而
國賦不虧等情已經具申今復查勘前佔湖田原
該林通判丈量定有埂界埂內三湖共田九頃四
十一畝四分七釐零係業王馬䶵等俱于三十九
年以前佔種者前議姑令承業埂外三湖共田四
頃一十九畝八分六釐零係業王葉文顯等於三
十九年以後佔種前議退復爲湖及審埂內田已
經丈量入冊糧差埂外田尚未入冊亦無糧差包
賠各勘明白查得田畝字號業主姓名申送到道
據此查得三湖除原額田共二十五頃六十六畝
九分後因居民侵佔嘉靖四十一年該林通判丈
勘定有埂界自三十九年以前佔種田共九頃四
十一畝四分七釐零俱在埂內已經入冊陞糧姑
令仍舊管業三十九年以後續佔田共四頃一十
九畝八分六釐零俱是埂外未經入冊陞糧議令
退復爲湖其疆界已有石埂無容外議然疆界雖
明恐立法不嚴日後復恣侵佔合照二縣前議此

有仍前局佔者無論多寡此係強佔官民山蕩湖泊開掘杖一百流三千里盜決者比依盜決河防毀壞人家漂失財物淹没田禾　律議擬徒罪以上爲首者問發充軍事例併乞題　請著爲定規俱候允示之日備行上虞縣查照原議築塞孔堰開修理小穴等閘每閘設閘夫二名湖東湖西老人二名以司啓閉曹稽溝閘仍舊爲便不許遷移僞將改正過緣由刻立碑石以垂永久呈乞照詳完銷勘合等因到臣據此案照先奉都察院巡按　江五千五百四十四號勘劄准工部咨該本部看得上虞縣民王茂貞等具　奏上妃等湖水利緣由既奉　旨相應行查移咨都察院備劄行臣即將王茂貞等奏內事情遴委廉能官員逐一從公研審不得拘泥一面之詞審果情詞是實即行改正究問如律倘有利彼妨此及挾讐妄奏徑自究治等因奉經行據浙江按察司水利道行委會稽知縣楊維新上虞知縣林應植會勘明白議呈前來尤恐未盡又經批行覆勘去後今據周爲照吳越

之間古稱澤國耕稼之利多倚官湖自頃年以後民既利湖田而敢爲侵佔因而官亦利湖田而輕爲佃稅佔種與佃稅交作致湖蕩與堰閘俱湮水利竟微旱澇何備其在紹興各縣又其尤者在上虞縣上妃白馬夏蓋亦其一也所以王茂貞等切有此奏誠有不可不爲修復者據查徐應元等侵佔至於多頃而丈量亦以多年不惟已派之稅即難弗許爲田亦且已成之田即難復濬爲湖至於埂外續開之田又非冊內經丈之數當令盡吐以廣瀦蓄然湖蕩廣而堰閘不嚴則水澤之走洩何杜堰閘雖嚴而細民之覬覦尚滋所據該道議將前項湖田已經入冊糧差者仍令管業未經入冊陞科者悉復爲湖修築堰閘定立疆界比依律例刻懸禁約似亦有見如蒙乞　勅該部查議准令照議修復施行庶法嚴則民無輕犯湖廣則水利永固此一方黔黎之幸也等因奉　聖旨工部知道欽此欽遵抄出到部送司案查萬曆元年六月內據浙江紹興府上虞縣民王茂貞等奏爲復水

利訴豪強以救億萬生靈以全億萬賦稅事已經
備咨都察院轉行巡按御史查勘去後今該前因
查呈到部臣等看得浙江上虞縣上妃白馬夏蓋
三湖利關一方委當修復今既巡按御史蕭　委
官相勘明白具　題前來相應依擬恭候　命下
本部備咨都察院轉行巡按御史蕭　嚴督各司
道府縣等官除徐應元等佔種之田已經入冊陞
糧者姑令承業外將埂外續佔之田未經入冊陞
糧者盡數開復爲湖以廣瀦滀仍修築堰閘定立
疆界不許豪強仍前侵佔如違嚴加究治務垂永
久其一槩禁約事宜悉照原議施行　萬曆二一顔
年十二月十九日覆本月二十一日奉　旨是

天下議事易任事難任事易成事難沿至萬曆九
年而剗者未剗復者未復適經丈量即嘉靖三十
九年以後佔者且混行人冊萬曆十三年知縣朱

維藩又將湖田捺抵西溪而奸民益得借號影射悉行侵踞毋論上妃一望膏腴無復有湖白馬僅存如綫之流即夏蓋湖如馮家山大山下等處額田外今年而爲池塘明年而爲田畝亦效上妃白馬之故智矣宜王曄等有乞遵奉前旨之呈也會稽令羅公相又同縣令楊公爲棟會勘其議視昔加詳查得上妃白馬二湖自東漢有之後因溉田不足唐民居五鄉者割田爲夏蓋湖湖形上妃高與夏蓋埒接諸山澗之水由穰草堰入于夏蓋湖白馬比夏蓋畧低則築孔堰接山澗之水田石堰入于夏蓋湖而夏蓋則總納二湖之流傍邐三十六溝閘疏泒于各鄉灌田十三萬有奇當一

邑之半灌之人身以上妃白馬爲咽喉夏蓋爲心腹昔曾勒之碑石云佔湖一畝妨水利一十六畝七分祇緣湖濱高阜處有額田而得田之家遂倚田佞佔然猶未敢公然無忌也至嘉靖四十一年署縣林判府丈田缺額而佔田者乘機負入冊中爲廢湖張本雖經王茂貞具奏奉旨行委會上虞縣知縣勘議將三十九年以前者准爲田以後者悉刻復爲湖其佔堰則堅築之使無泄也已復詳奏復至萬曆九年又經丈量即三十九年以後續佔者亦混入冊矣至萬曆十三年朱知縣議復西溪湖劃去民田給帖撥補而奸民移坵改換借號影射悉行侵佔且于春水溢則開孔堰排已之浸溢以便東作夏水涸則盜決石堰反利人之瀦蓄以贍灌溉是上妃白馬獨有利無害而夏蓋湖不惟無水之源頭昔也由喉注腹今則由腹而逆出於喉屢經荒旱者蓋以此而今權宜利害有兩議焉查得茂貞奏復撥招三湖額田共二千五百六十畝九分即將三十九年以前者准爲田止田

九百四十一畝連前不過三千五百餘畝今據白馬湖居民稱額田七千餘上妃稱額田三千餘況有夏盖未查除前三千五百外盡皆續佔但原卷已燬辛有四十一年魚鱗圖及林通判丈量十二格冊可考也欲爲久遠之計合照萬曆四年之議將原額田并三十九年以前入冊者及朱知縣擬補西溪湖田四百九十餘畝查出某湖若干分別丈量許其爲田令得田之家自築高堤用防水潦以外悉退爲湖此一議大有益於五鄉十三萬之田而頗不利於兩湖數千畝久假不歸之田非卓有主持力排羣議者不能行其孔堰照今所勘水勢自橋板量下低至三尺八寸積水以此爲準則白馬不但額田無妨即續佔者亦與田低平也寧至淹没上妃湖尤無碍合將閘改淄水石墈舊閘門底止六尺以直而瀉今增一丈二尺以橫而瀉逢有餘則自洩止平石則嘗瀦矣其三十六溝易瀉去處如朱家灘亦宜改爲平水石墈洩其泛濫固其停蓄如前制其長壩謝家塘係土築而不免

拖船宜改築以石其陸家灞酒清溝其土薄也漁者易於盜決宜令得利民修闊四丈餘則夏蓋即不能實受二湖七十二溜之水苟非大旱亦可無患彼白馬佔田之民猶以昔水爲辭不知壩之平取準于田低則斷無涉田之理至妄訴民爲魚鼈今勘居民住址去額田高甚豈復有低等注田者耶則改溜水石壩之議所宜亟行矣此一議則大有利於上妃白馬而小不利於夏蓋不必搖動上妃白馬佔田之家而亦可少安五鄉人民藉蔭之意似爲是行至夏蓋新池新田者必嚴爲剗毀以杜將來效尤之勢不然則日侵月削數十年後不至如上妃之盡佔爲田不已也

嗣是則有府判黃公來署縣篆身履其地覆勘焉於兩議反覆殆盡鑿鑿以剗田復湖改閘爲壩亟上之院道業已詳示而數十年來竟託之空言也歲甲辰

令徐公以樂清改吾虞以虞之利病莫過三湖亦身履至再相度地形採訪民情而於歷所議覆者慨然詳申條爲六欵其畧云上妃白馬在夏蓋之上流撥諸澗之水停蓄夏蓋故必二湖之水滿而溢然後上妃由穰草堰白馬由石堰轉入夏蓋由夏蓋分注三十六溝以資七鄉之灌溉而論勢則湖東低於湖西不止尋丈若東鑿孔堰使二湖之水下走餘姚則二湖可成沃壤夏蓋之水反由石堰盡流至孔堰爲二湖佔田者之利而夏蓋漸爲陸地是昔之建二湖也所以培夏蓋之源而今之佔二湖也徒以決夏蓋之水三湖者將存一湖而其源不長其涸立待矣自湖東刁民之盜佔而又懼湖西之必爭也於是投托勢宦以相影射獨不思割田爲湖者何必佔湖爲田者何必顧以升斗之微而恐爲刁豪者樹赤幟亦可怪已湖西之與湖東爭剝膚之災也爲公也

府縣之仲湖西而抑湖東從民之願也亦爲公也良民敢怒而不敢言也有司能識而不能任所以屢奉　嚴旨雖經憲詳而屢議屢罷上妃白馬之佔田日加益也爲今之策莫先於塞孔堰孔堰塞則水不洩水不洩則田不成湖湖東雖欲竊據無所用之其次改長壩修溝閘增湖塘以至查覈佔田帖由申嚴故決盜種之數者不可缺一庶三湖還其故道而七鄉受其永賴矣　一築孔堰上妃白馬之佔爲田也皆由附近居民私開孔堰將二湖之水一洩而東注餘姚不煩工力便成膏腴故佔田者四起而夏蓋湖之水源已竭湖東湖西之爭未已者全在此若改堰爲溜水石壩溢則流平則蓄庶上妃白馬之水仍歸夏蓋湖而七鄉十三萬之田俱資灌溉矣兩湖額田之形原高於湖彼藉口於滌之爲害者妄也其改壩規制丈尺具前議中　一改長壩長壩與餘姚接境乃三湖各溝閘諸水所合流之處其瀉於姚勢如建瓴故孔堰固三湖之尾閭而長壩尤三湖之漏卮也雖常建閘

以時啓閉近因典船欲避梁湖之官稅往往取道百官等鎮以達長壩而訪土豪民又利其私稅遂使閘無寸板一任水之奔注船之往來恬不爲怪閘旁壩原以土築船既由此拖過則壩易坍塌又何怪三湖之水不滀而一遇天旱卽苦弗歲也七鄉民所以請改閘爲壩而壩必用石也其謝家塘之利害亦如長壩　一修溝閘夏蓋湖東西共有三十六溝以分注其水又有塘以捍海之鹹水有閘以滀湖之淡水其西固無恙也惟東二都至五都如陸家河清及小穴夏山等處泥土淺薄易於盜決故土豪因而偷水灌田又因而拖船捕魚近訪勘視大非舊制若春雨連綿山水泛溢其潰也可立而俟矣應令管湖老人及圩長將各溝作速修濬無致傾洩其閘亦以次輯理堅固庶鹹水不入淡水不出而七鄉之田無旱乾之害也　一增湖塘夏蓋湖三面枕海其北與杭之鹽官相望所恃障海捍田者全賴湖塘今塘皆坍塌低俠僅存一線之路恭非獨湖東之盜決其北新漲沙地漸

成沃土及屬之竈戶者假竈名色顯然決湖之水以自利水多從旁孔出故塘之削也滋甚及今不爲修築或風濤衝激或霪雨浸潰將海潮直入其腹內其始尋丈其究滔天悔何及乎應照原議令得利人夫修築濶四丈有餘以防奔溢之患一查佔田帖田佔田非有祖業并有價買夏蓋湖之竊據者較之上妃白馬稍難上妃白馬一決孔堰便成田矣若夏蓋之佔湖者雖假工力藉經理然大山下荷葉山馮家山鸒兒斗等處在在皆有肥田皆不止數百畝而每畝皆歲收十鍾自種自食以官湖爲已業尚亦有利哉近又有借還湖之名而致爲佔田之倡者則西溪湖之業主是也朱知縣議復之日恐豪民爲梗遂以新漲沙地給帖抵補而湖田亦在內有帖止一畝而包佔幾十畝者又有假托有帖而影射換段恣其侵漁者非獨復一湖廢一湖於民情爲甚拂而以有限之官湖供無窮之欲壑其勢不併夏蓋而盡田之不止今除嘉靖三十九年及萬曆四年入冊作額田外均應

裁之以法亟爲剗復者也不然今年具奏明年具呈今年勘議明年究招而卒無了案使佔田者坐享厚利誠不知其所終矣一嚴故決佔種法不立則民莫知所從法不嚴則人又易犯三湖瀦水灌田據經稱佔湖田一畝妨碍灌田一十六畝七分其非他湖之比也明甚今上妃白馬僅存消流皆爲刁豪佔據而夏蓋亦漸失其舊屢奉旨剗復卒束之高閣而未終局者則以上之姑息太過故數十年築道旁之舍致佔田者日加益也夫强佔官民山蕩及故決河防律例凛然誰敢干之豈堂堂三尺獨不行于三湖耶此後應照律例究擬仍追籽粒庶佔者決者懼法而不敢肆無忌憚亦復湖之一端也

蓋汲汲於求寧觀成而于勞怨之任其不遑惜者云按餘姚誌稱湖在上虞界而得分蔭者有三處謂白馬夏蓋小查湖也其言白馬湖灌姚

之東山蘭風開原三鄉及上虞之西潛五保其言
夏蓋湖自來蔭注上虞新興等五鄉及餘姚蘭風
一鄉又言永樂間上虞修志故云秋後三日於陳
倉閘放水四箇時辰其圩甲諸色人指此藉口不
得應時放洩以致蘭風鄉之田多槁掌郡守陳公
耘立辨虞人之奸決罰之復與餘姚均利其言小
查湖灌雲樓一鄉據姚人所誌則凡隣于虞者皆
與虞共利矣姚隣于虞可有其利然未聞虞得承
姚之利何也夫民分隸地分域越境而有人之利

某法乎按夏侯曾先地志曰白馬湖舊名漁浦湖原在餘姚蘭風鄉唐貞元二年割蘭風鄉四五里置永豐鄉益上虞縣其湖今在永豐鄉界是蘭風之民舊溉於湖習爲故常無足怪者乃今延及於東山開原而上虞止西潛五保是知唐未割地之前而然版入於虞而利輸於姚安用分上爲哉譬若產然始屬於東東家之有也旣屬於西矣而猶尚爲東所據卽夏蓋湖周圍甚廣地勢東北最低較之湖西高下相去丈餘是以水去如傾直至餘

姚之蘭風一都姚之仰餘潤者往往壟涎故或從鎮都新壩處乘間盜決或從附近溝港處聲言開放相沿既久視若當然於是爭而構矣上之人以爲彼此吾民也安忍坐視其困如弟方饑而且死則爲父者分兄之粟以濟之不論其非巳庚也而乃反曰虞人之奸與姚均利何不易地而觀之且姚之蘭風一鄉既蔭白馬湖矣又蔭夏蓋湖是蘭風決宜全熟而虞人不得自承其蔭張目垂手而供諸姚也昔之割地止于鄉西五里但應此方之

田蔭之可耳浸灌及於一鄉又連洭東山開原者
令可一决而盡輸之亦不厭矣姚之岑處士原道
者且云盡奪漁浦夏蓋歸於餘姚則北鄉可免於
㸆患是姚人之情畢露於此然而猶謂之曰奪則
其非巳物亦較著矣至若小查湖之灌雲樓鄉者
蓋姚多置田於上虞一都之界故其環湖而田者
仰給於此湖由田而波及於鄉其境近其勢便也
而非其宜也彼謂虞人修志而欲顓之將姚人修
志而可奪之乎虞人之志志巳之土地云爾乃姚

人[illegible]人之土地而志之乎總之姚處下流傾注最
易莊値暘暵望濟實勞原其涸轍之情通以隣
之義姚人尚亦有利哉其事固有成議然而昔人
所以致是者大抵以近而覩不能力爭也故聊爲
之辨以明其槩如此
徐待聘曰昔人云佔湖一畝妨水利一十六畝七
分而今之佔湖者何紛紛也余每讀本末一書輒
掩卷而歎成事之難豈事之果難成哉能議而不
能任則難能任而不得請於上則難得請而從旁

有撓之者則又難三湖自王茂貞具奏得　旨以來所爲議者亦既詳且久矣而竟不能遵厥成眞可抛脱查嘉靖四十一年以前册田二千五百六十畝九分萬曆四年以前又册田九百四十一畝四分餘皆新佔亟應剗復姑存以待後之眞能成事者

西洋湖六都即夏蓋湖之餘波也大可百餘畝一云元鄉民李敬秀割田爲湖其糧亦如蓋湖分派之例

張湖　六都

隱嶺湖　十都　計五十畝北受龍山東隱嶺南蘭亭西金鷄山之水溉田四百畝　舊志廣二頃

高公湖　十都　西倚湖碁底山受衆壑之水計一百三十五畝溉田四百畝舊名南塘湖後令高公割田益之故名　舊志周二里溉田十頃

洪山湖　十都　有内湖外湖受鳳凰山牛山之水計二百餘畝溉田一千三百畝

金石湖　十都　今號小湖計三十畝溉田一千三百畝

孔家湖十都受寵泉山之水計六十畝溉田五百畝

皂李湖十都原名曹黎湖在縣西北四十五里唐貞觀初鄉人曹黎二姓率衆割田而成後因姓音近似呼爲皂李猶夏蓋之訛爲夏駕上妃之訛爲上陂也受衆山之流南有東西二斗門置閘鑰使年高有德者掌之隨時啓閉灌溉十一都廿二都田共八一萬一千畝有奇十都重芥薑海鹹河淡字號共八七里廿二都惟屈家堡平字號二畝至唐家衙爲界洪武辛酉石洑土崩湖民黃直如等捐貲作三閘待制趙俶有記略曰上虞縣治西北有湖曰皂李唐貞觀初鄉

人劃田爲之周一十五里溉田一萬一千畝有奇湖有東西二斗門建石閘置鎖鑰使年高有德者掌之以時蓄洩西斗門而下析爲二渠一出蔣堡一出犬販其流皆抵縣城漕渠故建閘限水使無所洩歷歲既久成績浸弛漕渠之水涸暮夜或竊決以駕舟田失其溉而歲薦凶矣國初令信國公爲征南大將軍道上虞漕渠膠舟議決防父老黄正倫等具事上白遂寢共國公身任大事手握重兵猶以水利爲民命所係不妄決防人可得而竊決乎彼竊決者以石閘未固此黄生直如之所以務建也其費則視田入多寡會粟以給之始自洪武辛酉秋八月以明年春二月訖工三閘既成僉謀勒石謁余求記乃記曰昔先王爲治未嘗不以農政爲先畎澮溝洫咸盡力焉自井田既廢先王之法不可復見惟得陂湖以備水旱今皂李湖諸閘未理防決不常水無所備直如乃能義成三閘俾是湖之利永有於民顧不賢哉直如儒家子正倫其父也余嘗嘉正倫既能力陳上官而息患於

前復喜直如克承先志而興利於後故樂爲之書洪武壬戌三月吉日翰林待制奉訓大夫同知制誥兼國史院編修趙俶撰

洪武巳卯夏旱通明鎭奸民希圖分蔭誣官屢訟終不能奪永樂間翰林學士王景章有記畧曰永樂丁亥春越之上虞徐友直持皂李湖水利事狀直走金陵謁余求記按湖在縣西北二十里許初本曹黎二姓倡民割田而成民請郎以曹黎題名圖永其傳柰辭讓懇至體其姓首之近似者名之故曰皂李方湖西之田高仰病旱自湖之成秋穀屢登爲利不旣盛與湖之東下屈家壩西下蔣堡大炇各建閘限水運河無通涓滴其定例畫界嚴密如此使彼隣境欲竊不能洪武巳卯夏大旱縣東通明鎭民任宗等驟聚羣貪鳩財通縣曲詞妄訴湖民黃直如等蘄仍不均縣令馬馴初任民情未悉輕先其聽擁衆臨湖勒令决閘並湖耆老攘倒力抗卒莫能挽頃間湖民聞

而會救者其來如雨以身庇閘角冉持不屈翌日官
誣罵慢執民送府府亦不辨曲直聽以罪加者百
三十九人決以杖斷者萬計痛決而號聲徹天者
又不知幾何計耶會天雹雨交至斷乃中止嗚呼
民之冤抑如此天之報應速如此尚恐言哉湖民
項圭五等抱圖記陳憲司司推既理移決詣府府
雖曲受終關互愛反又摘拘被對黃直如深懵極
獄逼欲順承直如哀且告曰湖本高原發委不廣
僅供該蔭素無餘積况湖貫通明流經運河二十
五里乃至縱使盡發一湖不給旱河一吸尚望濟
彼田乎彼田未濟而湖已告涸一舉兩失害莫大
焉必欲奪蔭助強寧我粉身碎骨獨受其辜決不
苟生壞倒遺害萬年官遂感而平焉明年夏旱如
前時憲僉唐侯泰又偶按藩鎮民俞士珉等羣貪
復起仍妄前詞幸而唐侯未理密先田野察諸老
髦而曲直燎明復按圖合記直在湖民遂使鎮民
之所妄者不威自服而訟始决向使鎮民之不遇
不幾良民利奪於強民腴田條變爲旱田乎唐侯

其明哉誠不可以不書書之非惟著唐侯之美且將示夫後之牧爾邑者知是湖之利世專爾里而他無纖預亦以記黄直如善繼善述善民利之大端也與翰林學士王景章撰　正統庚申湖民徐學言等重修三閘侍郎周忱有記畧曰按上虞志皂李湖在縣西北十都唐鄉人割己田而爲者也南立二門釃水注田於蔣保大板二河口置閘以限漕渠由是受溉田無儉歲其爭執之由濬淺之故有趙侍制王學士之碑記在茲不復書永樂戊戌漕渠龜拆欽差主事李讓洎藩臬二司官董奉等取浙東所造運艘千數至通明不能進分憲率府縣決湖者民徐友直項原起等上圖記堅執不從後決梁湖壩引江潮入而濟之宣德癸未旱鎮海中貴歐誠舟止娥江適欽使西洋劉指麾負舟艤通明督邑丞趙智決湖湖民羅友睦等若干人詣麾下以利害反覆曉譬卒不容決遂擅包索引其貨挽舟陸行多歷年所各閘毀圮正統庚

申朝廷檄郡縣興利除害於是邑令李景華挾簿委文華行視殫厥心力命耆老徐學言等以畝會粟以口集庸伐木斬材貿灰鳩工循其舊制仆者起之缺者補之經始於其年秋告成於次年春堅壯固密視昔有加會余巡撫江南常熟令郭南紀子禧亦湖民也以文相知具狀速記余惟民以食爲天不可緩也蓋產其地者食其利古今不易況利已田而爲瀉瀦之具乎故雖有勢力不能奪其長民者緩而不理豈情也哉若李令輩可謂得其要乎故樂書之以詔將來正統六年辛酉七月望日嘉議大夫行在工部左侍郎廬陵周忱撰

萬曆三十四年葛曉修志豪民鄭用九乘間賄囑僞創七說毀古志湖民黃文等備陳七說之謬上控於府郡侯朱公芹同郡佐葉公詣湖勘悉具詳督撫井改正七說勒石永

禁邑令王公同議遵照立石其碑禁曰紹興府上虞縣爲查修水利以奠民生事萬曆三十五年三月二十八日蒙分守道右參政沈信牌該奉督撫軍門井憲牌行道仰府督行本縣備查地方額設湖閘幾處逐一親勘有無勢豪覇佔作何清理查究務要興利期於水旱無虞等因蒙此遵行據本縣皂李湖民黄文等以豪民鄭用九朋奸易志奪蔭殃民等情赴告本院及按察司蒙批水利通判葉查報問適本府朱公出經過本縣地方鄉民數千擁道號訴冤聲載道幾不忍聞本府問之僉云皂李湖爲鄭用九私易志書告開接濟河道當同通判葉會勘此湖旁湖之田萬一千餘畝皆賴其灌溉自唐迄今未有異議查舊志此湖原名曹黎湖肇自唐貞觀間至國朝正統郭南志改皂李湖然名雖更而瀦洩如故今乘修志忽倡匕說欲將湖面之水濟河湖底之水滋涸勢不釐走湖水而注之河不止且决湖一丈不足以濟河一寸河乾不過稍礙舟楫湖乾則

一方之民無孑遺矣爲此計者用九欲以河南之田而取足於河北之水以一人之操縱而變亂千年之規則無論於理於法萬萬不可即以利害之說較之亦必不得之數也會勘旣明本府復看皐李湖原爲湖邊種田萬有一千餘畝灌溉而設也留閘以防走洩自唐以來安堵如故今鄭用九者私圖洩水濟河除該原行究罪招詳外非奉憲諭不足以垂永久故恭請劄示嗣後不得假借濟河之名而告放該湖之水勒石湖邊永爲遵守等因申明本院奉批合方水利而鄭用九欲以一人便之奸民哉勒石嚴禁無妨灌溉繳又申本道蒙批皐李湖灌溉湖邊田一萬一千餘畝迺本鄉永賴之澤鄭用九忽倡異說計圖洩水濟河眞是瘠隣肥巳非該府會勘原委剖悉利害奸謀且行矣如議勒石湖濱不許假托濟河告放湖水違者盡法處治繳本廳申按察司蒙批候撫院詳示行繳又申覆本院奉批此湖舊止溉近湖田萬餘畝何能遠達運河遍及他都鄭用九假公濟私且力能擅

改邑志其亦生事病民甚矣湖水照舊淹蔭近田仍改正新志以杜釁端繳隨蒙本府帖縣遵照勒石湖邊等因蒙此本縣相應立石本湖閘際永爲遵守故禁萬曆三十七年九月日知縣王同謙縣丞陶民瞻主簿儲純祚典史吳顯全立石爾時七說刊就未即改正今

大清康熙十年郡侯張公三異檄縣修志湖下士民張俊等據前案控撫院范行府確查張公勅縣鄭公僑查勘得實具詳覆院請剗僞復古撫院復行藩司袁轉查袁公確查申覆院批允詳勒石其碑禁曰

紹興府上虞縣爲亂志奪湖斬課殺命極號天憲剗削僞說恩復古志以全萬年水利事康熙十年四月十五日本府張奉巡撫都察院范批發上虞士民張俊等連名呈稱前事仰紹興府確查速報

詳冊四本并發奉此遵行該縣確查隨據上虞縣
鄉紳鄭中稱皂李湖始唐貞觀間居民割田瀦水
灌十都十八堡田萬千餘畝向來湖民修築不費
官帑不輕放水蓋因虞之地西高東低最易傾瀉
而湖身尤高出運河勢若建瓴一放則涓滴無餘
傍湖之田悉成龜折案查明季葛曉修志剏爲七
說欲決湖入河士民曾號於府同水利廳沿湖親
勘勒碑永禁今邑志重修衿民張俊等欲削除七
說遵舊志而禁放湖遂聚衆控院以死爭之亦因
事關切膚不得不大聲疾呼耳卑職細查有湖以
來皆湖民私力修築瀦水灌溉若洩水於河則沮
洳變爲桑田水無所瀦田無所頼莫若照舊聽其
自修自溉仍勒禁垂久等因前來隨該本府張看
得皂李湖始唐貞觀間居民割田灌溉十八堡糧
田萬千餘畝古志碑文炳據因故明萬曆間葛曉
修志挾私僞剏七說圖毀古志湖民曾控府廳親
勘勒碑永禁在案彼時僞說刊就未即改正今邑
志重修衿民張俊等必欲剗削七說增復古志以

亂志奪湖削僞復古上控憲臺奉此遵查本湖原係湖民捐築自應聽其瀦水灌溉僞說應行剗削仍復古志以垂永久國課民生攸賴相應詳請憲臺俯賜批示以便遵行等因覆院復奉批仰布政司查報隨該本司袁看得上虞縣皂李湖唐貞觀初鄉人曹黎二姓割田爲湖瀦水溉田一萬一千有奇自捐自築不費官帑以時蓄洩歷朝守此勿失因明季萬曆間葛曉僞創七說載入縣志大要欲強湖水分沾其潤傍湖之民恐決湖防水無停注環湖之田失其灌溉民則禍矣翻閱湖經碑志及相訟案牘是此湖之水不可挹注其葛曉七說明萬曆間湖民黄文等已經具控院道府廳會勘湖水照舊蓄蔭近田仍改正新志勒石永禁在案先年以七說刊就未經改除今該邑修志故衿民張俊等有亂志奪湖之控請削僞說仍復舊章其詞原屬不誣且覆繹該府縣詳議明白擬合詳請憲臺批示削去葛曉七說永絕異議仍行勒禁等因覆院奉批據詳皂李湖係居民自爲捐築又[illegible]

運河水勢相懸則開決誠有未便矣如詳删削滑
論仍勒石禁飭繳隨該本司劄付行府轉縣遵照
勒石永禁須至禁碑者康熙十年十月日知府張
三異同知孫魯通判張雲孫知縣鄭僑縣丞王衡
才典史張鳳麒仝立石　乃盡削僞說復古志之舊云

邑令鄭公僑批皂李湖士民公呈曰皂李湖水有
限灌溉近湖田土猶恐不足若放洩運河則湖田
悉成焦土矣披閱成案利害甚悉豈容一人私說
更易乎爲運河計惟浚築西溪沙湖瀦水救暵以
蔭田畝當勘查舉行准送志局秉公載人勿致聚
族而居者反爲聚訟之端也一面仍申飭碑禁

沙湖十都在縣西三十里北倚蘭芎山南濱曹娥江周六里弘治間侵於姚人怙勢者嘉靖戊戌縣令鄭公芸復之已漸爲潮汐所淤萬曆己亥胡公思伸築堤建閘以時啓閉若旱則遏决而注於運河與廿一都西溪湖同爲縣渠所資今爲畜牧之塲在當事者亟議開濬永濟舟楫云

錢家湖十一都在南姥山峻壁下計三畝五分又名嚴家湖

江淹湖十一都即廟山湖一山垂兩乳可數十丈下爲

堤以障之計五畝溉田數十畝

貞湖在十一二都之間各分其半計八十畝或云周一里北抵横山南抵尺鷄山東抵長大山小山西抵田畈

光嚴湖十一都計一百八畝西受豈山重淵之水三面爲堤以障之溉田八百畝

高鏡湖十一都計四十畝溉田四頃在花墳山下今名尭窐湖

漳汀湖十一都在縣西南曹娥江西岸有山名漳汀其

下爲湖周二里鄉民以蔭旁近之田近爲勢家所佔甚妨種植民屢訴當道以僻遠置不問萬曆三十三年縣令徐待聘蒞治民復訴乃躬履其地而剗復之其事詳顏比部洪範碑記記曰越瀕江而西以南固虞壤也有湖當漳汀山之麓山水下注其窪而瀦以成湖可三百餘畝因山以名云環湖而田者悉飲湖之潤且畜且獲以粒有秋載在圖誌所從來久矣以歲之久其灌不無葑合故勢家得規而爲田旁近之農稍値旱暘輒苦灌溉鳴諸當道者且數十餘年率以窮鄉小民之事一切弁髦之而湖又介在僻遠棄若甌脫會今甲辰秋七月紹虹徐公以材賢調吾虞甫下車而懇俗之告瘼釐房事之蠹百廢具舉四民胥悅居民加額而起因相率哀籲于公公慨然曰是不可以膜視及身履其地度原

隰覽阡畮而曰噫微湖山水曷歸卽廢湖田農曷望不可以當吾世而病民率爲立之當道遂其議灌所司嚴戢爲湖示圖者民任朝十五等詣不佞求請樹石以記其事蓋聞鴻陂之壞與歌黃鵠召杜之築致頌新城水利之於民大矣湖作于勢久渠能決而公不憚跋履之勞定于俄頃誦其移文不懸諸日月不刊之典也緣勒石以垂諸不朽公諱待聘字廷珍別號紹虹琴川世家萬曆辛丑進諱田樂清士改今任

小湖在漳汀湖中漳汀水涸而小湖不涸故名

潛湖十一都　在和尙山下計二畝七分並湖居民多潛姓故名

任嶼湖在縣西北二十七里唐寶慶二年縣令金堯

恭宣溉田二百頃府志作金嶼

金家湖十二都計三十畝溉田一百餘畝又名水滄湖

菱湖十二都在許家嶺下長八十畝形如菱故名溉田百餘畝水下江有新開石橋一架舊志周五里又溉田六頃

一在八都

和尚湖十二都在江家山下計二十畝溉田百畝

姥山湖十二都周三十七畝溉田十頃舊志周四里

靈芝湖十二都在東山下溉田八十畝

雙湖十二都又名椿湖溉田八頃舊志周四里

伶仃湖十二都

馬家湖十二都計三十七畝舊志溉田十頃

上湖子十二都計六十五畝溉田十頃受嶺頭之水有閘三面皆石山又名王家湖

鍾湖十一都即蔡山湖廣二頃二十畝溉近田

瀦湖十三都東受余家山白雲山諸壑之水一面爲堤以障之隄廣三丈長一里餘湖計一千三百畝舊志周九里三十步溉十三十七都田共三千七百畝西面曹

娥江黑白龍潭南來數十里萬壑之水會而入江按沿江一帶所苦水患十一都至十七都凡三十六堆瀦潮獨濶古制於河頭佛國溪崖築上壩以障黑白龍潭剡江萬壑之水澇歲衝決冬築春崩爲患最烈居民苦之萬曆四十一年里老謝尙淳等相度地勢進二十丈山坡相對下有深潭外横石骨遂改築其上以避水患民屢有秋稍得休息崇禎元年七月廿三颶風海潮盡壞下七都塘塍民居此壩據上游幸勿壞七年甲戌八月十五

雨連五日夜上水泛濫盡潰場無餘累歲修築迄無成功至十二年庚辰有勢豪據阜處佔佃爲田列圻分段將五百畝十六年夏旱逢年稻皆黃熟忽內水暴發淹沒三日豪糾數百人掘毀圩埂决盡湖水沿湖士民合控邑令佘公飈公隨靴詣親勘諭以理法多勸少懲豪感服公德仍劃復爲湖皇清順治十三四年洪流下注與甲戌無異壩址俱湮民皆竄匄農隱謝東里具議邑令高公之蕙示田主每畝出粟五升招率各佃督築基廣三丈六

尺直亘九丈五尺高逾一尺平濶二丈內栽楊柳外樹葦荻增繕五載工方告竣康熙己酉復增築鮑舉淵水石壩高一尺二寸次年庚戌水災辛亥旱災八堡均樂有秋咸呼爲高逸壩云

楮湖十三都　周二里流注豬湖溉田七頃

黃灣湖十四都　在鄭家湖邊舊志長三里溉田十餘頃

郎家湖十四都　在兩山之中周一里其源甚淺

漉湖十四都舊志二里溉田六頃

竹衙湖十四都　一名四角湖長五里溉田三十頃又一

在蘿巖山下新通明河旁一名尾簹湖一名竹湖潭計二畝七分

法華湖十四都一名江家湖一名清湖在浮來廟前又名廟湖形如人字

雙碁湖十四都兩山對峙中有小陂三岸皆石山峻拔或云山如旗當稱雙旗舊志周一里溉田十頃

前竈後竈湖十四都一山而前後兩湖故名郭志云即雙旗誤周二里溉田二十頃

鄭家湖十四都環一畝地勢高仰無水灌田又一在十

八都

赤峴湖十四都一云勅峴南至馮處湖西至橋北至路

長二里止灌近田

斷江湖沿山為渠長可二里廣十丈以蔭兩岸之田

北出龍潭山

沭憩湖十五都昔人有沭於此而因憩焉故名後展金

家山上受龔嶴山之水環八十餘畝界為三區無

出口内有納糧塘計二十畝八分有小山名獨山

湖内湖外龍山壩一帶壩外即曹娥江

前馮湖十六都　計六畝九分六釐八毫湖中木橋一座

五聖廟一座隆慶二年涉塞二畝舊志溉田三頃

蒔湖十六都　形長而彎計四畝一分九釐舊志溉田二頃

分家湖十六都　即太平湖在太平山下受泉水其形似

河計一十二畝

銅湖十七都　即銅山下湖內澗而外山拱峙計六十畝

溉田六百餘畝

山莊湖十七都　坐季嶴計三畝五分溉田八十畝

金山湖十七都　廣一百餘畝東西皆田南北倚山塘堰

種柏溉田一千三百畝舊志周二里

周家湖十八都計三畝舊志周一里溉田四頃

李家湖十八都舊志周一里溉田四頃

西溪湖廿一都在縣西南三里湖周七里昔縣令戴延興爲堤七里以障之又名七里湖可溉田二千餘畝宋紹興初割湖三分之一以給功臣李顯忠爲牧馬地後挾功兼併而湖遂以漸廢迨宋末民私其田輒獻之福王邸旋籍入太后宮供輸租谷入元豪民肆侵湖盡爲平陸而承蔭之田失利矣至

正間翰林林公希元出尹虞謂此湖當復條議不可廢者五

議曰昔蘇文忠公言杭之有西湖如人之有眉目其不可廢者五愚謂上虞之有西溪湖如人之有臟腑三十六溪導其源東西二涇承其委人無臟腑何由而生其不可廢者亦有五竊觀西南溪湖之水盤旋交曲注入于湖達于運河澱上管孝義娥君三鄉之田包納湖面三千七百畝有奇蔭田供税全頼湖水畜積若雨不時降則民拱手以視禾稼之焦枯耳此湖之不可廢者一也虞邑南距羣山北面大海東傾姚江西抵曹娥地勢高仰河渠東流其水易涸若以湖爲田遇旱則溝港斷流農民坐以待斃是官常虧賦民常告饑公私悉係于是此湖之不可廢者二也虞之四垂其在西南地勢高東北地勢下爲諸大川之所會華渡孟宅兩畈其地甚窪方春積雨連朝則奔淼泛漲浩潰矣禦平原之野必致衝激蕩决之患且有齧堤崩岸之虞及天一霽則水之既

去者不可復留而病涸矣惟爲堤以防其滲漏置閘以時其啓閉旱則決水以灌田澇則導田以入江廣積水汪洋永藉浩渥之休禾黍登場咸樂平康之福此湖之不可廢者三也西南一境多大山深谷砂瘠土磽蓋藉湖內擄汙泥剗草芽以爲種植之本若以湖爲田農夫必無所取畝畝何從得饒所謂霈而田疇淤而泥塗翠浪千里玉粒如峙炊粳釀秫既耳且目者無復可望此湖之不可廢者四也傍湖窶人家無粒食之儲惟願入湖採取魚蝦貿易錢米而資口食若以湖爲田魚蝦既不蕃息窮民無可採取是猶扼吭而奪之食生意微矣此湖之不可廢者五也治不中徽國朱文公與觀文殿學士孫邦仁宣教郎王官建昌軍孫應時友遊始寧嘗過訪焉見西溪湖山水之勝遂寓其家註書考証講學于西溪湖上後提舉浙東因而浚治虞人德之迨元豪民嗜利盡以爲田大失水利至正壬辰希元出史館來尹茲邑見夫湖左淖而右衍葑蕪之所湮汙滓之所淤秋冬之交則

爲芻牧之場支使之選府攝郡判李推官錢會總轄閩都元帥提兵平饒信盜悉慶元道出於虞父老遮拜道左具述其事爾切叩乃成文書希元觀色白丞相府可其議然又不敢輕妄也博訪通邑士夫先達耆老諮諏林麓術儒聞人按圖合說符山拔水率循漢唐舊跡西自古源院亘眠牛山從源院對前村山橫河港泥橋而止焉則東西二溪家田諸水可南入湖[illegible]東自泥橋沿至半湖祠荒塘港東山頭而止焉則水可洩東西溪而通運河矣北自東山頭沿至諸家𡋯龍華山虞家堰而止焉則水可洩華渡口而通孟閘矣或以爲湖不必盡復惟擇窪者因勢以浚之則水可以畜而湖之名不廢稅易足供而民力可省殊不知湖之復所以兆一方之勝豈瑣瑣於涓滴之間而已耶夫土地者天子所有而農者奉耕出其什一之稅以供上湖復則田廢田廢則無其稅可也分田定賦額有正辯虞壤褊小有未經插量民得開墾私相佔植者有詭名寄户飛隱走貼虛增漲并之弊者有

堙塞荒廢低窪瀦患改築爲圍者凡此皆法不容縱可以抵易補還則徵科有據常賦不虧而民無失業之怨夫大禹平治水土而畎澮溝洫咸盡力其在成周稻人掌稼下地而瀦防遂列悉定制焉然則今西溪湖之復希元非敢利斯民之德而爲之也不忍斯民之困於焦釜云爾　及有賦以紀其風物誠究心於西溪之利害者也明朝仍元舊陞稅爲田者久之嘉靖二十三年江陵陳公大賓者來令咨詢民瘼力圖恢復之策甫經始被徵而寢萬曆十六年淮楊朱公維藩毅然以復湖爲己任時邑人京兆尹陳公絳亦爲西湖議議曰上虞建邑自秦漢其自百官而遷治今所則始于晉太康中觀其地勢高[illegible]則霖雨暴漲則直瀉

姚江一經亢暘則三農束手議者恒苦于水之不足而不知一邑之水自足以供一邑之用所以處置水利者有未悉耳邑之西南古有西溪一湖合三十六溪而爲瀦其源不爲不長亘七里爲塘其區不爲不巨灌西都三鄉而爲用其承蔭不爲不廣且山川所聚即風氣所凝風氣所凝即人材所毓即使雨暘時若旱澇無憂而西南水土長生之地汪洋浩蕩滙爲巨浸亦可以儲精氣之美而資人文之盛此與杭之西湖越之鑑湖均爲一方勝槩而係于民生則尤要者也故有是邑即有是湖古人建制非無深意而宋末偷安重臣駐牧元政不綱巵臣逐利以致紛紛佃佔而此湖遂廢爲田自此湖廢而諸溪之水無所歸泛濫而橫溢矣自溪水無所歸而運河之源湮河流易竭矣自河流竭而農苦于灌溉旅困於舟楫磬載道途矣水淺而土瘠風散而氣瀉而人材之鍾美者亦因以寡矣家鮮蓋藏仕乏卿相東視姚江西視山會乃或獨處其陋非人則然地形實使之也元長林先

生希元來令吾邑慨然興思謂此湖决不可廢于是詠湖有賦復湖有議賦以賦此湖之風物議以議此湖之利病雖一時未克舉行實萬世之長策有在于是且冀後世復有長林則此議不爲空言耳我　國家隆興悉取天下之田而籍之而時當草昧無能爲之建白使此湖一仍元舊陞稅爲田而莫可誰何至嘉靖二十三年江陵陳侯大賓涖虞詢咨民瘼因知其故方圖規復而以行取不果然當時父老之所規畫十已備其四五後陞總憲復㠯前議移文董成而以喬遷未竟然當時父老之所規畫十已備其六七要其所以將成而未克有成非多議論少成功亦機會之不逢耳蓋邑中田有定額賦有定數而復田爲湖則田不容不爲之抵補不容不爲之處分見今履畝丈量清釐夙弊凡勢豪之所侵佔奸胥之所飛灑咸登冊籍故以今日之所賦而較諸前日之舊額所溢之數奚啻千數今即非奪其田聽其納價而升稅或以荒陷湖田從便抵補無不可者向時湖田之價極貴

者不過兩而此湖之成旱潦無虞則爲膏腴上田歲有收價當倍直即附近加派人情亦無不樂予者此湖地形如釜溼雨彌旬溪流羣注而低窪之田浸爲淤蕪十無一收徒賠糧稅以其所納之價試此湖田之直即人情宜無不樂取者夫爲可爲於可爲之時與爲不可爲於不可爲之時也其事相半而功相倍也蘓子有言古之所謂從衆者非從衆多之口從其所不言而同然者乃眞從衆也即此復湖之舉非無衆口不齊然成天下之事在權利害之實利苟可與而或不勝其害則如無與害苟可除而或不勝其利則如無除二者較若觀火若千萬世之利或以一旦畏難而遽止則千萬世之業隳矣億兆人之利或以一人私意而搖奪則億兆人之望孤矣夫可與樂成難與慮始凡民之情大抵皆然而不有一勞則無永逸此立功之士所以撫機而投會也白樂天浚西湖而其名與西湖並流孔愉築鑑湖而其名與鑑湖並著有能繼二公之後立二公之績則此名與此湖豈

不汞汞無極也哉朱公虛心采用然成田甚久恐梗議者則湖且爲道旁之舍矣不得已而以丈出三湖諸逸田及十二都隱地補之以塞衆口遂築堤建閘修濬諸港而西溪湖始復然識者猶以不得還其故址爲憾云詳具公自爲記及姚江大學士呂公本記

朱記曰方今屬內守士吏疇不以奉揚德意周咨民隱爲亟然每至于興華之大者輒相與閣手而不敢取置一册何以故誠重之也萬曆壬午余受命宰上虞適歲事入覲癸未春旋徂夏弗雨民以旱告則合境內薦紳及于士庶徧禱于山川羣祀得雨弗洽則爲之環視而歎曰邑故有西溪湖儲衆流之水爲負郭三鄉利乃今湮塞不可復興遂稽往牒得湖之興廢顛末於是率吏士

老者往尋湖源周迴四至復又得前令見吾陳先生
昔所規畫於是上其事於郡及撫按藩臬監臺諸
公咸報可乃決策以自湖山之麓爲湖東界折而
北至鄭家堡爲湖北界由北而西至龍舌嘴前村
爲阜爲湖西北界由西而南至長巷埭爲湖南界
直長九百二十七丈廣損三分之一周迴共計
千七百五十二丈內復湖之田總計一千六百二
十六畝第田故有賦欲就與補田故有直奪孰與
償因檢諸額册得丈出夏蓋上妃白馬三湖諸逸
田五百餘畝及十二都隱地九百餘畝既補且償
原額僅足遂卜日誓衆癸告而舉事先築堤每里
遞計一丈二尺高廣有則界限有址又相度其地
之遠近以爲難易難者先倡易者從焉給穀以資
饟不旬月功乃竟乃塞諸水口七道爲之港以通
水源則西接南梁諸溪南引東西兩溪暨坊以爲
表按成議也爲之閘以防畜泄在北爲鄭家閘在
南爲龍舌閘責里滞以爲守俾勿壞也建官廳一
所以備駐節扁曰復古志厥初也若夫天下事建

議非難主之難任事非難成之難是役也上得賞津者主之弗搖下幸斯民之相與信而贊其成也豈一手一足之烈哉嗣予吏茲土者能次第修舉盡復古昔之盛余有待也或曰虞邑山巖水詘堪輿家蓋諦言之今湖復而西南境上汪洋澄徹可以回風氣培地脉而文運將從此始日者倘徼惠而符焉無委曰于余一人則厚幸矣呂記曰粤稽輿地志上虞邑治西南三里有西溪湖中通九十九港昔令戴延興築堤七里捍水又名七里湖溉田二百餘頃宋慶曆中湖之利歸于學備養士之資紹興初割三之一給功臣李顯忠牧馬顯忠挾勳併據僅以緡錢七百歸學宋末民私其田以爲己業者輒獻之福邸內附後籍入太后宮供輸租穀歲久藉田力薄耕夫失利終歲勤苦先是徽國朱文公講學湖上後從提舉浙東嘗加浚治上虞德之迨元豪民盡吞其塚而湖鞠爲芻牧場矣由是承陰之田大失水利至正間天台林公希元以御林出宰是邑覽觀古跡志圖恢復既爲賦以誇湖

之勝又爲條議不可磨者五篇以將來及明二百
數十年尹茲土者凡若干爲賦與議其在讀之而
翟然有當於心毅然豈後者誰與汪陽朱侯渭卯
科初令於鄞歲壬午復領茲邑事癸未觀旂御夏
弗雨民苦旱熯徧禱而雨尚沸浴觖望然日邑上
接韋山下傾姚江地勢高卬水易乾涸故有西溪
湖備山水爲負郭三鄉之利湮塞雖久乃今故不
可復耶或言其難者以田故有賦缺難補也田故
有值價難償也雖然吾檢額冊以丈出與蓋白馬
上妃三湖諸逸田五百餘畝淮十二都隱地九百
餘畝補賦償值原額僅足湖豈不可復耶遂率吏
士耆老周覽湖源并籍前令見吾陳侯纂所規畫
上其事於郡及撫按藩臬諸公咸報可乃十月經
營給穀募役首築湖堤次築水口濬港以通水源
建閘以備蓄洩守以里遞表以紀楔駐節有廳扁
曰復古不忘其初也始於癸未仲冬畢於甲申季
夏輪廣共計一千六百二十六畝詳具候記中嗣
茲旱潦有備轉瘠成腴非特歲乃有秋而斡旋風

氣培固地脈物産人文將並隆於無疆矣厥功不
其偉乎鄉大夫大京兆陳公輩相率父老諸生請
記勒石以詔後來余老於姚江之上而候豈弟之
澤彼及隣封敢以耄辭乃言曰郗子有云賢者之
興而愚者之廢廢而復之爲是習而循之之爲非然
後豈易言也哉非明則不足以燭物情非斷則不
足以權利害非勇則惑於浮議而利有所不究非
誠則徭怨于期會而功有所不濟候具衆美而與廢
于一旦非偶然也歐陽子曰作者未始不欲其久
存而繼者常至於怠廢西門豹之遺利漳水自居
易之議明聖潮使不得史起藉長公追始作之心
而修築之民安利至今受賜候之與延與希元曠
世相感何古今不相及也延與有靈必當陰相是
堤以爲虞民萬世之賴焉繼候而政者倘其三復
希元之賦後之視今猶今視昔可也候諱維藩字
价卿號貞石丁丑科進士善政惠民遍於兩邑此
其一
也

東明湖 廿一都 在東城外奎文閣後運河積水之委也以稍澗汰故名湖

百雲湖 廿一都 在南城外巽水庵下瀦樓山諸澗之水胡公思伸稍浚玉帶渠築堰于其下流爲石斗門以啓閉亦停蓄而清澈因名爲湖邑鄭公一鱗爲之記

記曰夫百雲湖者邑城南之湖也湖之源出百樓山山去城十里岡巒嵲岏若屏障開聳峙霄漢爲邑治所賓焉羣壑之水交注而下於溪淪漣洄縈滙於城下浸爲巨澗無隄以防至則馳而東若過客不舍而去水由山出靈氣洩乎水入其境無以納受山亦因之渙散形家者多非之故老言勝國時林候嘗疏玉帶渠通是水於城中日久湮下民居 世廟時閩中鄭候成城爲二竇以

納水亦漸以淤塞萬曆丙申歲新安克宸胡公以世家名儒成進士來令吾邑甫下車廣諮民隱邑中利弊興革一新既稔知其狀一日出南郭以觀其流問源望山慨然而歎曰百樓邑之案山鍾靈毓秀是水正當巽方形家目爲三陽鄉踏宦文明之徵無計蓄之安得貫城而入弗入則渠不濬終于不通遂覽圖志考故址籌畫既定乃下教邑中授執事鳩材趣工先築堰基固以石堤砌以斗門水始汪汪然蓄爲湖矣復浚玉帶渠使循故道即右無壅每時雨降湖水湧入環流于學宮之前折而西復東出注之江以入海工既竣公閱而樂之因氏之曰百雲湖士庶懽悅且羡公來之晚也相與築室于湖上肖公像其中將以時祀而永瞻之以北而觀河于思功云

由巽水閘

而上曰溝瀆涇南山諸澗之水直注而下霪潦奔突溪隥崩潰水衝南阪之田緣塍者沙淤多不得

耕稼有田之家彼此觀望互相推諉迄無成功康熙十年七月邑候祁陽鄭公僑率僚尹王公銜才張公鳳麒親往相度捐資鳩工市木椿用以爲杙陷土中編以竹簑畚土版築勤勞有方居民協力不旬日而沙塍告成

贋子湖廿三都一名潤滋湖一十七畝東南受四明諸溪之水入于姚江東受剡界水東南爲倒轉水東北爲黃泥壩中爲永興壩豎港壩永興閘永濟閘永寧閘西南受茅姑界水爲湯郎壩又受任界水

爲錢家小湖爲馬郎壩與西之横涇壩孟閘新安閘之水共入于姚江

黄婆湖鎮都在五夫市南山谷中山有清泉不竭故溉田至千餘畝其流從高墜下凡三十六疊

陳臯湖在陳臯山下周三十畝溉田百餘畝

下湯湖鎮都方員一里

西燕塘鎮都廣三分而源出寶泉溉田甚廣

按古越州圖經有梨湖在縣北二十里前令金堯恭置皮湖湖在縣西北三十里溉田一千二十頃今皆無

攷又舊志有坏埧湖、旱湖、鼻湖、大湖、臺墅湖、圓湖，皆名存而湮廢。夫湖所由，皆以地勢窪下，或澗流之歸，或汚潦之瀦，或壖之善崩，或隳之壞泐，古之人相度而隄焉，以謂之湖。其出官民公私，與夫淺深廣狹，不能悉攷，然其有資於灌溉者均也。虞之爲湖者亡慮數十，而湮塞已過半矣。今即其見存者繫之以里，或廢而不存者係之以名。雖陵谷滄桑，漫然莫辨，而因其蹟之可循者以復其舊，庸非議水利者之所取裁耶？

徐待聘曰：余讀陳公橐請罷湖田書與李公光復湖田疏，思深哉二公之爲民也。又嘗閱晋史，謝靈運從文帝乞回踵湖爲田，會稽守孟顗堅不聽。有陳令者不奉詔，請悉罷境內湖田，而强即勸之不變。嗟嗟，彼知有民不知有官耳。虞田若干，凡其灌溉咸仰給于湖，澇固無耕，旱之涓滴不啻露節。昔人所以不惜膏腴割爲巨浸，誠爲一方不爲一家計，萬世不計目前也。今上妃、白馬僅留一線，皂李微民與官爭，而夏蓋及查沙、西溪諸湖雖則汪洋千頃而射利之豪方眈眈從旁睨而覘焉守土者可漠然置之不問乎大槩湖有源有蓄有洩而塘而壩而堰而閘而溝皆山湖設脫湖址佔爲田則靡所容蓄堤閘圯則叉蓄不勝洩堤堰溝壩毀而竊于奸民則彼潤而我渴是惟長民者如孟守陳令不畏强禦勿使蹄涔蟻穴釀爲瀰㴸庶幾虞民常有秋乎

上虞縣志卷之三終

上虞縣志卷之四

輿地志四

水利

海

大海在縣西北東連勾餘西入龕赭北頁海鹽南抱邑壤而江湖之水宗焉縣距海六十里其寧遠新興孝義三鄉皆倚海濱

江

上虞江在縣西三十餘里南自剡縣東北來至曹娥

廟前曰曹娥江至龍山下曰舜江北至三江口而入海即舊名浦陽江也禹貢三江既入韋照以爲吳淞江錢塘江浦陽江爲三江

小江在縣西南四十里水出會稽界而入大江水經云小江源出姚山謂之姚浦

通明江在縣東一十里水從運河省河下注經姚鄞二江而會於海即七里灘也灘在縣東廿二都潮至可通巨艘容貨往來潮退必須稽候時月如天雨四明水發可無阻碍

河

運河在縣治之南其東接新舊通明堰西距梁湖堰橫亘三十五里遡源於百樓坤象諸山南溪澗而會注以利舟楫以資灌溉河淺窄旱則立涸民咸病之　附議

按吾虞運河在邑治南數十步東接通明西距梁湖又東北有新開河抵新通明堰爲越明孔道第淺狹而乏源委時雨降則群壑之水若懸瀑而下注既過則涓滴不移暑涸矣嘉靖間鄭公芸於曹娥江滸度其地窪下可蓄江濱諸澗之水乃築堤

爲防名曰沙湖以注水於河歲久爲潮汐所圮萬曆丁酉胡公思伸增固其堤堰以石閘而水益多瀦又西溪湖在邑西南昔令戴延興所置後廢而林公希元復之明以來復廢爲田萬曆癸未朱公維藩復之覦舊稍減其水從東涇西涇入于河又百雲湖在城南鄭公芸築城時於南城作二水竇通百雲溪之水入玉帶溪久而溪淤霪雨暴漲城中之水反由兩水竇逆流而南與百雲湖會循城而東由新河入孟宅閘之潮河奔於姚江河源幾何

洩於東復分洩於南堪輿家所忌萬曆初丞濮陽傳始造石堤以防之水僅積而不能入城又西溪湖龔家畈等處旱潦時田不浸没則其民每乘夜盜决未幾旋廢萬曆丁酉胡公思伸即其故址作堰增濶丈餘中爲石斗門瀦而成湖因名百雲又從城竇内循溪舊蹟令民各對産疏其淤塞水始得駛流而達於河爲邑治眾流云由是南則百樓坤象西則蘭芎龍松諸山溪之水交注於河其源漸長而其派漸廣矣乃若郭外西則蒲灣河源

按東西溪地勢稍高北作堰東則南新河源接百兵湖達於湖河又稍低北亦作壩雖其流於運河隔總之夾輔城濠而助其勢者也蓋運河通舟航溉田畝防火患資夜濯固已不嘗乾枯而邑治在茲又地脈之所藉以環迴而通貫者今其水從東西釣橋而達於北門外以抱縣治爲一合水又從東西黃浦而達出於北之任家匯以抱縣治爲二合水則城中玉帶溪青龍溝等淪漣瀠洄縱橫旋繞於南北坊巷之間詳見玉帶溪議下於折而東大會於

東明湖以連姚江吾虞號稱山明水秀而人文丕
振輝暎後先毓秀鍾靈特水勢直趨于東嫌于傾
瀉楊公紹芳建奎文閣以障之朱公維藩鎖以石
橋捍以浮圖皆爲風氣設也但郭外雖深廣如故
而內多淺窄沿河而壓者既久不浚治而又以瓦
礫雜委其中故旱時每決湖水城中受溉獨絀沙
湖自西黃浦遶至東門外乃稍稍倒暎而上西溪
湖則必從東西二涇出自非官爲督治每彼截流
若百雲湖非雨大集不能浸灌矣抑又有弊如蟻

穴舊通明壩南有百丈塘其下爲埭河旱則夾埭河而田者穴塘以竊水東城下新河北有壩夾河而田者穴塘以竊水奎文閣之後有洲洲上有田緣河之田甚低皆堰邊居民所佃每潦不輒没則多啓閘板以泄水夫亢堰次則河爲漏卮啓閘多則河爲建瓴皆耗蠹之弊也而百丈塘關係尤鉅塘南埭河高下相去數丈兩河止隔一小堤風濤衝激其土易隳一决則運河之水直奔而東不惟上河涸如焦釜而下流尤彼害霖雨夾旬更宜將

附近居民時加防捍而又堵各湖塘以瀦其源疏
玉帶溪以通其流復則水牌以測其勢虞邑運河
當永永無旱涸之憂矣惟在位者實圖利之
後新河在縣北永樂九年鄞人郟度因通明江七里
灘阻塞不便上言將縣後舊溝開濬置西黃浦橋
直抵鄭監山堰置新通明壩又開十八里河自新
通明直抵江口壩官民船隻皆由之嘉靖甲申縣
令楊公紹芳拆西黃浦橋作凳橋舟楫復由郭內
河自東黃浦抵新通明其橋上有奸民私置幽窪

洩水康知之遂發掘塡築以絕弊源

乜河在縣東五里舊通明壩下即所謂潮河也長十里至安家渡入江以殺運河之水者也

南新河在縣東南長三百餘丈內有横壩一帶灌田九頃居民割田爲之

五夫河在縣東三十五里納夏蓋上妃白馬潮水東達餘姚縣横河而注於江

百官河在縣西北四十里由夏蓋湖直抵第七都界

溪

上帶溪在縣城中源出南山諸澗北滙楊橋下入運河大雨水漲常苦壅塞乃鑿二渠於南門外使東西分流後復淺溢宋嘉定中令袁君儒浚治之置四水閘於港口於胡家橋東作小斗門楊橋置小閘以備旱澇其溪繞旋城中如帶故名

附議

按虞城中有玉帶溪絲河自西直東而迅瀉于清水閘水鮮源滙流無曲折且澇易盈旱易涸將稿溺之多虞也風氣之弗聚而人才之寡殖也古之

令虞而造治者有深思焉乃遡源于百樓坤山之麓道蔗南淵東西溪諸水瀦為八渠以合西北之水達于四境號曰玉帶溪而流自東北者又曰青龍溝云其瀆自南水門入者二支循西涯傍民居直北至楊橋達運河是為玉溪第一流其稍北轉東從胡家橋入蜿蜒以至轉北過打鐵橋達運河以夾輔焉水是為玉溪第二流由陡門中分向從鴉鴉橋出又橋内過東經東中丞門内自小橋出與打鐵橋水會則又支分之別派也其道自長者山

址南便水門入者三支一沿城而東過張宅橋折而北汪洋於鍾副使宅前西側爲池名曰大池頭自後漸窄由民居中直至張家橋北出望稼橋俗呼小八字橋達運河是爲玉溪第三流一沿城數武轉折而東東盡爲碟池池西落北過來學橋至三叉港向東過玉帶橋出望稼橋達運河是爲玉溪第四流一自便門直北轉東過顏侍御宅前亦從望稼而出達運河是爲玉溪第五流此便門水三支所分也其源自通濟門入者亦三支一由水

門直東出望稼橋而達運河是爲玉溪第六流一由東將至三叉而北入小橋自盧氏坊側直至後盧屋邊從小橋出緯路下達運河是爲玉溪第七流一由東至金罍山後過觀橋由新河直至畫錦橋達運河是爲玉帶第八流此西南水三支所分也至於邑西北之水發自五癸縣後諸山與百雲坤山相應其水多由山澗田澮而來或霪雨暴漲則田廬成浸故亦疏而爲溪起自衙後迤邐而西過顏郡伯舊門轉折向南從尉司衙俗呼衙底直下由陳侍郎正屋西側出姜家橋以達運

河與西南之水從晝錦橋緯路口出者合流一処

自放生池由池東從張朱兩家屋後出北司前滙

爲黄蠟池南向轉東過章石二家直至張氏舊宅

前過新街石板小橋新街北有高處者是從張黄

門宅北之前謝桂史宅南之前過陸謝俞宅後

抵等慈寺西房門內今有小橫過水門外之東瀦池存跡

水爲湖使源常裕而沛流易甚得之矣其由胡家

橋入者水面廣亦如故滔滔可資灌溉直達東城

下獨鵝鴨橋一帶稍窄淤然未盡塞也其自西南

門水入橫過觀橋出新河者廣如運河通達無論即三丈港西北入小橋自緯路出者中間不無侵淤難以通舟然猶成溪道濬之亦易爲力若由衙後繞出姜家橋者溪跡亦存今已如法開復再一勘定修砌之而畢矣惟夫由北向東城下之溪紆徐委婉其經涉遙其分派瑣其積爲民居者久大抵存者什三淤者什七宜自其迹之未泯者循其緒脉稍事尋求但令不絕其涓涓遺道而人猶得指之曰此故玉帶青龍也溪宜必有毀然而圖復

者則所以斡旋風氣而復還古初顧不存乎其人與昔田蚡嘗言水之通塞皆天事未易以人力勝占氣數者以爲然然而其時鄭當時爲大司農引渭穿渠卒貽永利何也太史公曰甚哉水之爲利害也余悲瓠子詩而作河渠書由斯以談蚡言豈盡然哉徐待聘曰虞之水端在諸湖亦詳哉其言之已獨河以運名溪以玉帶名前人之爲慮遠也河與溪異源同流辟人身之有血脈必時時通貫於肢節間而後無壅塞之病可盈不可涸也明甚

然河之水實仰給於溪諸溪洄旋瀦衍分百樓五癸諸山澗之流合輸而受以成河故溪竭則河枯而舟膠不前固一定之勢也運河東走通明西距梁湖穿灌于邑城分演爲王帶諸溪左右前後環抱曲折宛然若帶相傳爲古蹟大約人從東西釣橋繞于北郭之外以抱縣治爲一合又從東西黄浦而繞于北之任家漄爲二合而城中則閘玉帶溪青龍溝濚折以出始大會于東明湖當時勝地昔人又以虞地西仰東傾又建閘揄以障一方之

風氣補山形之不足然則此邦水脉豈直泛舟航

溉田畝民受利澤亦藉以鍾毓靈秀丕揚文獻者

歟頃運河水雖汪下如駛而官民絡繹無有停晷

其誰得佔獨王帶諸溪民廛蝟集或駕屋而跨其

上或築岸而侵其旁甚則投以瓦礫委以垔壤幾

成嗟矣往充襄胡公浚儒學東後之一溪余亦從

諸生請復西北之舊溪其間塞而未濬濬而欲塞

者有故址在矚是縉紳之長欲造福于虞乎則諸

湖水利之外尚于河溪稍留意云

楊家溪在縣北長十里發源蘿巖諸山流注白馬湖

蒜溪在縣北發源蘿巖諸山流注白馬湖

疊錦溪在縣北

太平溪在縣東南上接白龍潭諸山水注於江

隱牛溪在縣南白道湫巖下石上隱然有牛足跡故名

石溪在縣南自太嶽連於浦口

交水溪在縣南發源白龍潭山二水交流故名

乾溪在縣發源朱家大山合流於交水溪雨則溢腸

則湖故名

陳溪自五果餘姚嶺界至於潘山會于石笋山下

孫溪

妲溪

朱溪流入會于下管溪

錢溪流會于下管溪

李溪源出黒龍潭會九溪之水流至湖溪由浦口入

江

黄洞溪在縣西南

漁門溪在縣西南源出薛木注運河

東溪在縣西南源出坤山入城河

西溪在縣西南源出象田諸山入城河

杜溪在縣南源出費家嶺與東溪合流

上舍嶺溪在縣南源出南山由玉帶溪入河

新開溪在縣南引上舍嶺溪水入瀏河

鳳鳴洞溪在縣南棲南山諸淵水由胡李溪入瀏河

麻溪在縣南源出茅舉任舉諸水向北流入于江

象田溪在縣西南發源象田諸山注于江

胡李溪在縣南念三都有烏沙壩二處頭宅屋後築壩承蔭田畝數十頃

建龍之水匯于賀溪至箭山謝家埭地名楊河承蔭田畝數百餘頃入宇橋水源出四明下注姚江向有石山沙霸旱則鄉人築之以資灌溉利濟甚宏

沈家港[illegible]七里港發源白馬湖溉永豐鄉田上俱一都

楊家溪港二都　小越港三都

中堰港　徐虎港　陳倉堰港俱五都

彭澤港　嵩下港　吳港俱六都

徐澤港　温涇港　竇堰港俱七都

五丈港　張墓港　菱湖港

蔡林港俱八都

徐義港　楊涇港　華渡港

大小枚港俱十都發源皂李湖溉上虞鄉田土

東涇港發源西溪湖

黄公橋港　昌福港　黄家橋港俱廿二都

西涇港發源西溪湖　虞家港俱廿都

四明東港　四明西港

章家港是三港並發源四明山灌始寧鄉田土

橫涇港俱二都

蔡家衕港　五夫港俱鎮都

溝

張家溝　戴家溝　徐孟溝

梁鳳溝　唐家溝　何家溝

姚家溝　小查湖溝俱縣東一都界

孔家橫塘在縣北二都

臺駁溝　大善溝在縣西南十二都

佛跡橋溝　還珠橋溝　清河坊溝

四水閘溝俱在縣東南二十二都

望稼橋溝　清河溝

浴堂橋溝俱在縣城中

浦

思湖浦　姚家浦　陳家浦

槎浦相傳漢張騫乘槎處

湛浦　篁浦俱在六都

花浦　崑崙山浦　趙官人浦

蕭浦俱在十一都

漁門浦　杜浦齊杜景產授學之地

項家浦　周郭浦

呂家浦一云吳家浦

顧墅浦齊顧懽授學之地俱在十二都

新河浦　鄭家浦　傅村浦

白馬浦　趙浦　戚家浦

樂浦俱在十三都

十字浦　斷江浦　葛家浦

卜塘浦俱在十四都

東黃浦　西黃浦俱在二十二都

水

舜水在縣南自會稽界東經縣界五十三界東入虞

江

柯水漢書音義云上虞有柯水東入海

白水詳見昇相山考

塘

防海塘自上虞江抵會稽百餘里以瀦水溉田開

元十年令李俊之增修大曆十年觀察使皇甫溫

大和六年李佐又各增修焉

海塘在縣西北寧遠新興二鄉東自餘姚蘭風鄉西抵會稽延德鄉元大德間風濤大作漂没寧遠鄉田廬縣役闔境之民植樿畚土以捍之費錢數千緡完而復圮後至元六年六月潮復大作遂成海口蹈毀官民田三千餘畝餘姚州判葉恒相度言海高于田非石不能捍禦府委恒督治適滿代去縣尹于嗣宗募民出粟築之至正七年六月大潮復潰府檄吏王永議築禾勸民田出粟一斗以相

其役伐石于夏蓋山其法塘一丈用松木徑尺長八尺者三十二列爲四行參差排定深入土内然後以石長五尺濶半之者平置木上復以四石縱横錯置于平石上者五重犬牙相銜使不揺動外沙底得者叠置八重其高逾丈上復以側石鈐壓之内塡以碎石厚過一尺壅土爲塘附之趾廣二丈上殺四之一高視石復加三尺令潮不得滲入塘成凡一千九百四十四丈民有謡以頌其德謡曰王外郎築海塘不要鈔呷粥湯夏泰亨爲之記記曰上虞縣重作海堤及二水閘成

父老具其事實屬余爲記按上虞負海爲邑其地爲潮汐上下之地舊壘土爲堤以障之輿作修治歲久沿革不能詳焉國朝自大德以來水暴溢則堤岸時有衝潰隨治輒壞至元又元之六年六月風濤大作其地曰蓮花池等處齧入六里許橫亘二千餘尺並堤之田莽爲斥鹵歲加繕完民遂罷于築堤之役至正六年民椿岸等羣訴于縣縣上其事于府府餘姚州濱海諸鄉同受其病州判官葉恒與民議以石易土伻凡有田者畝出斗粟或輸其粟之値爲工役石更爲之而工適成府令上虞縣循其故實仍檄葉判官董治之會葉君以公故弗及而去明年秋民復訴于府郡守亞剌沙公與幕長吳君中議以府史王仲遠爲能郎以委葉判者委之仲遠承命既至郎與監縣偰烈圖縣令張叔温集民之隣謹更事者商究經營之凡出粟之家無敢有後計其直總爲中統鈔三十二萬九千五百貫有奇掌以傳壽昌盧安翁而公共出納核石于夏蓋山浚溝浮舟以進售材必良擇匠必

精趨事者無惰受傭者無怨仲遷旦暮程督食寢起處與工作同事雖更歲時冒寒暑卒不以勞勤爲捍其爲制則錯植堅木以爲杙入土八尺以護側石以爲防高與杙等然後疊巨石其上縱横密比穹厚堅鋼復實剛土雜石而築平之重覆以石甽之崇庳視海埂爲高下焉既成以度計之凡爲一萬九千二百四十尺又即所浚塘上築土堤以爲內備高廣過之隱然若重城之捍蔽矣訖工於九月之冬先是縣東門外有清水孟宅二閘受沙湖西溪諸水達于運河而注之江視水大小而開縱之故田不病旱用不病潦積久弗治且就圮壞歲必堰土以遏之數費而不能持久父老請乘海堤之便并新之府檄就以仲達爲屬是用海堤事雖有緒而工未畢仲達以農作方殷不可使失灌注之利乃先事三閘清水閘拓二爲三孟宅閘視舊有加累石坊以樂奔流樹石鑿以納懸版爰琢爰甃堅緻款密先海堤一年而成其費則出于縣浮屠三年功役之費于是海二閘和繼皆完而民

力稍息矣豈非郡守蔡長愛民之切知人之明而委任之力與夫府史以贊決簿書爲事耳仲遠奉承上意率能以身任之殫慮盡力使積歲爲民病者一旦遂獲休息其惠利于人者亦豈小哉昔之良史於凡川防溝洫之功筆之簡書以人力不可重煩民力不可以寢弛也若上虞海堤水關關于一邑之政又得爲而弗書書之非徒著其美也庶幾俾後人以圖無斁焉爾　二十二年秋颶風頓發土塘衝齧殆盡府檄斷事王芳督治兼縣尹總理之乃度夏蓋湖所灌之田畝出粟一升于西偏鵲子村作石塘二百三十二丈而海患以息劉仁本記其事記曰越上虞之有海堤也其來舊矣西言枕江北面大海患夫墊溺則壘土爲岸以隄防之附堤斗出潮瀦爲巨湖名曰夏蓋世傳舜禹朝會諸侯于會稽時

輪蓋所嘗駐也湖周百有餘里又重環以小河灌溉田不通濟舟楫厥利博哉然而江海之堧潮汐往復遲之以歲月積之以壅閼於是廣斥墳鹵風潮一鼓雖高岸爲決横流奔潰堤且卑塌既不克捍禦而潮滛于陸散入于湖漸漬爲鹻不可以灌而田無有秋之望不可以居而廬僵漂蕩之危民乃阻饑罔安集矣故修治之役無歲無之國朝大德間嘗屢壞屢築至正六年崩損爲劇而蓮花池又劇之尤者衆籲于郡請得如餘姚州判官葉恒治法以授府史王永永激巳斂事踰年告成修亘一萬九千二百四十尺其崇逾丈其廣倍之蓋亦規所甚害者堅石以牢籠可餘則土堤猶故也自是海鄉之田歲獲屢登民得奠業既二十二年秋海颶大作怒濤掀簸土堤衝齧殆盡衞以石者亦爲震撼民不堪命又羣訴之縣會府檄斷事官經歷王侯以督制兼尹遂與鄉之人帥閑架庫徐照文建議請于府府下令如所請俾兢兢若事大約謂海之溢害于湖湖之[illegible]傷于稼度受溉之田畝

謝尹米工農助力共資發築材具之費州維衡布堤二千三百二十尺以障之制視舊規稍密以帥闞史王權儒士俞餘澔翔分董其役夏楊庭司其出納錢穀主其籍筭候則日月一至吏不得擾民忘其勞繼補葺舊石之傾泐者一萬九千二百四二尺而修築土堤江堤之尋尺不與焉又築後堤二千三百尺爲鵲子村之備而疏河治湖之工役不與焉直新堤之費四米爲錢總估三萬九千四百四十緡而凡爲修補疏治者用悉非在筭計內也經始于至正二十三年正月竣事于是年十月功成民用和會讙呼載野父老携杖謁文刋示垂後固請不獲辭仁本惟輓石捍海治湖濬田斯政之仁者昔春秋時白圭築堤壅于隣國孟軻氏譏以爲仁人所惡今茲役也當干戈擾攘之頃思禦大災患以爲經久圖浚畝澮距江海以爲奮茲固仁人君子所喜聞而樂道者也余往歲亢兩按視上虞餘姚境撫神禹之古迹感葉恒王永之治堤既爲謌詩以慰民志具載在冊今幸聞諸父老之

言安得不重其請而樂爲之書與　洪武四年秋土塘復潰郡守唐公鐸與縣令趙公允文策之易以石委其事于府史羅子貞時趙以秩滿去而子貞殫心力以經畫一如元時王永所築謝肅有記記曰洪武四年秋七月越之上虞海隄潰大傷田稼民以訴于縣縣白于府太守唐公以爲憂乃亟臨海上行視決隄召縣令及父老長于里胥諭曰　天子命我出守以郡事境內山川之神而爲民徼福也今海乃肆菑于民其咎在余余可不禦之耶夫禦海莫善治堤治堤宜先鑿渠鑿渠得土即築以爲內防然後外作石堤則大患夫渠以通舟致石而堤成無難者第于吾民不能無費且勞耳縣令趙允文曰太守所以來者將堤海以禦菑又不忍勞費其民然海堤于民雖暫勞疏終逸之雖暫費而終惠之公又何憂乎父老及

長下皆名曰頹爲海堤也得驗而以治渠何費之惜差力以共作何勞之辭以廉幹者爲程督之何事之不集惟大守原令而已公慨然喜曰凡若之言吾之意也吾與汝圖之卽選與僚佐議無不淵便遂以事委府史羅子眞子眞奮曰是吾鄉邑事也且太守所委能不盡吾心子既至則趨令以秩浦去子眞獨蒙氛霧觸風濤度地合徒穿渠一萬三千尺爲防如渠之數於是乎人起石堤自纂風至于荷花池以屬故堤故堤者郡史王永奉檄所築也永見往時堤皆土累故善崩始易以石凡八里餘尚累土則今爲堤處也堤址布杙四行沒土八尺前行既陷側石以護之乃置方廣石於其上外則疊以巨石縱横上下紉連參錯以抵濤之衝激內則取夫石之小者雜以砌土築使堅密完壯仍包以石而與外稱焉其廣四十尺其高視廣得五分之一其長以丈計之至一千三百其石與杙以枚數之至十餘萬其用人之力以工積之至十二萬有奇方堤築且四之三子眞以事赴府府

檄縣主簿史文郁繼董其役，而知縣張昱、縣丞達
貫道咸協相之。夫以府史賢邑之長貳，用太守命
以勸督事，宜其成之甚速也。然而率作恐違農時
日，必在水潦既乾之際，間有相故堤之缺圮者，與
潮之噴鬭者，輒補浚之，以故越明年冬十有一月
而工始訖焉。是年並堤之田收倍于常，民歌之曰：
彼海之齧，荐者其誰？我有賢守，作我石堤。又歌之
曰：水既潤下，川彼海旁，既塞羽邪，秔稌以穰，以食
我于無疆。言徭役罷而耕種遂也。已而邑人謀刻
石以誌，以訓導黃部所具事實纖記于余，余辭不
獲，乃謂之言曰：上虞北據大海，海面有湖曰夏蓋。
夏蓋之南又連上妃、白馬二湖，而田之西盡江東，
接陳倉，南距犀山，北屬海者，皆受灌于湖也。然湖
既逼于海，海堤時壞，則鹹流乘湖，而又而田爲斥
鹵，五穀不育，民且告饑矣。是則海堤所以衛湖，衛
湖所以護田，其利害豈細故哉？今堤既成，截然潮
汐不復爲羨溢之苦，故民思其惠利于永久，豈非
規畫有方，任屬得人，遂底于成歟？是不可以不紀

啟謹記之俟來者有所考云

三十三年其西又潰臨山把總聞于朝府檄主簿李彬視事未幾別調乃委史陳仕畢工兩閱月而事竣萬曆四年丞濮陽傳清叢水利有海塘湖塘要害議其經畧纖悉靡不當者識曰

縣治西北三十里之外有曹娥江江東一帶南自上都起至九都八都七都六都五都北抵餘姚縣界約地一百餘里其沿江岸海潮泛漲則有漂沒之患內有白馬上妃夏蓋等湖堤防廢弛則有旱乾之憂故沿江之岸當築堤以防潮汐田上之湖當瀦水以防乾旱但海塘湖塘年久低塌及至修理圩長閘隣堰隣皆係無産棍徒嗜酒貪利不能號召服衆以致富豪有田者倚强高臥貧困無田者朽腐虛應公差紛爾催勾完狀徒爲虛紙或湖塘遭旱或海塘被衝不惟害稼且致溺民公私

俱因今當勘得各該堰閘壩埂等處如西踏浦荷花池思湖前莊鵝子查浦沓花廟董家灣張家埠大河口花宮王家潭村賀家埠趙村河口葉家埭㴆塘者隨即酌處照產田丁派工修築者令居民種插細柳桑柘等樹毋得將灑水草斜剗削糞田抵浪蘆荻竊拔供爨等因又勘得原有會稽縣三十三都犬牙相參本縣七都之間嵗爲崩損低灣者自章家墓起至西滙觜灣底瀝海所北門馬路頭黎風寺五里墩邊止約計一千餘里雖係會稽貲與上虞同此一岸海塘相應協力修築此會稽三十三都有關于六都之緊要者合無申請著落會稽水利官知會照例修築并行瀝海所重禁蘆之條方可無碍及勘湖塘南自十都起至九都八都七都六都五都四都三都二都内有長壩等各閘並宜修築外其上妃白馬夏蓋三湖埂加穰草堰杜淤灘計三十餘處堋埧頗多亦應照田丁派工修築并嚴諸閘以時啓閉仍禁張捕魚蝦偷洩湖水并拖拽船隻以致損壞埂岸又勘得自蔣家

堰蓮花皂角閘陳倉堰四處係七鄉下流底界與緊處所亦宜時修築毋致坍塌俱各着近堰鄰人等看守獨有鎮都新壩一處向被餘姚隣近強民盜決且壩址曠野難于守禦往往餘上二縣百姓爭訟爲此宜加令築高濶二畝有餘方始無患今後照該田丁每田三十畝派夫一名無田寡丁十丁攢夫一名士宦不得優免其圩長閘堰等隣各要田産居上公道能幹者爲之則庶乎役均而在當矣又縣治之西有沙湖暨運河如外梁湖夾塘之類亦合如前起工修築外此若十一都之杜浦等處十四都之敗塘等處二十二都橫涇壩又二十三都永寧閘等處俱宜照前項規則施行者也

徐待聘曰余嘗以勘塘至海上云登夏蓋山北望鹽官城郭隱隱天際而山去海則里許波濤洶湃赤邑一要害也詢之耆老所恃以障海捍田者僅

有弊而歲久漸圮不惟修築之詘於物力其存半為士民所竊此與割腹藏珠者何異嗟嗟今表海不波耳設颶風大作其關于五鄉民命甚不小也而得晏然已乎

堰

孔堰　奚家堰已上俱二都

石堰　驛亭堰　小越堰

河淸溝堰　蔣家堰　皂角堰

俞楠堰　兩貫珠堰

五丈堰巳上俱三都

横山堰　施家堰　楊湖堰

夾堰　徐林堰　徐少堰

杜兼堰　柯山堰巳上俱四都

徐濟堰　王婆堰　丁家堰

陳倉堰　李監堰　中堰

西碶堰巳上俱五都

思湖堰　六都

花公堰　梅林堰　竇堰巳上俱十七都

黄家堰 八都

菱對堰 九都

炭堰　柯莊堰　新建堰

百官堰舊名龍山堰

穰草堰已上俱十都

壩

中壩 一都 又名新通明壩去縣十里在鄭監山下急

遞舖西南永樂間鄞人郝虔以舡經梁湖壩灘流逆

漲鹽運到需大汛始得達府常坐困建言將縣東

北舊港開後自黃浦至鄭監山置新通明壩往來便之嘉靖初有奸民私置幽涇洩水知縣楊公紹芳廉知之遂鳩工堅塞焉

通明壩廿二都在縣東三里宋嘉泰元年置海潮自定海歷慶元南抵慈溪西越餘姚至北堰幾四百里地勢高仰潮至輒迴卻傾注上桃運河下通省河商船必由於此宋蔡會入覲明州謝表云三江重復百怪垂涎七堰相望萬牛回首蓋自浙江抵鄞有七壩此第五壩也

梁湖壩十一都在曹娥江東岸每遇風潮衝損移置不

常元後至元間怒濤齧潰邑簿馬合麻重建入嘉靖年間江潮西徙漲沙約七里縣令鄭公芸浚爲河移壩江邊以通舟楫壩仍舊名

嵩壩十一都　壩近嵩山長十丈紹台二府往來必經之地

横涇壩一在南門外稍東舊有壩萬曆五年縣丞濮陽傳重修甃以石附郭水利之最要者也然鄉民屢爲盜決萬曆二十五年縣令胡公思伸創爲斗門時其蓄洩引百雲溪水入于城河其一在東門

外新安閘南舊有小壩時通塞阿公造閘包村港瀦湖河水仍增拓其址上建茶亭立碑勒禁

俞家壩　十都

池湖壩　十四都

閘

張家閘　一都　去新通明壩二里許在運河橋內蘿巖山下以通查湖之水

孔家閘　二都　在白馬湖東防洩湖水

西陡門閘　三都　洩白馬湖水入夏蓋湖

石堰閘 三都 洩白馬湖水以入于夏蓋湖

小越閘 三都 洩夏蓋湖水灌三都四都田

横山閘 四都

夏蓋山閘 五都 防洩水也

陳倉堰閘 五都 與餘姚蘭風一都接境

稷草堰閘 十都 導上妃湖水入夏蓋湖

洪山湖閘 十都 防水入運河

陡門閘 十都 在梁湖南

孔涇閘 十都 在新橋灣有河半里許久雨則洩水之

曹娥江由是大小坂之田免淹沒自本道旣湮近境多湧新橋之後舊港猶存浚治甚易也

蒿陡門閘十一都 在曹娥江西與會稽接境

小陡門閘二十一都 接會稽界

龍山斗閘十四都 其水自山澗東流入于江閘坐江口截定流水灌田一千餘畝嗣廢久民甚苦旱萬曆三十三年縣令徐公待聘新建

虞家港閘廿一都 長二里接漁門東西溪之水下注運河

湖頭閘廿一都　濶一丈防洩西溪湖水入河也

龍舌閘廿一都　在縣南十里西溪湖塘南

鄭家閘廿一都　在縣南十里西溪湖塘西二閘俱朱公維藩建

清水閘廿三都　闕于運河閘廢爲患不小宋嘉泰元年尉錢績修築邑人孫應時爲之記　記曰上虞越佳邑獨運渠爲民患渠貫邑而西二十五里屬于曹江其一堰曰梁湖地勢高率數歲一浚未病民也邑東十二里屬于姚江其堰曰通明地勢下額本吞于兩堤閘高于田丈餘而夾堤皆深沛址爲上虞故渠數決決則明越之運絕茲堤三鄉鄉各一都賦丈尺守之尉以催綱得專其事壞則發丁壯具畚鍤帑財用

癸午堤側隄隳輒補其大決[illegible]之上流而後即
安卑且窪下供億大抵彼家至[illegible]撤屋伐墓以敷
恐爲患豈小哉嘉定之元吳越錢君續爲尉博詢
其故或曰堤之決也水無所洩也往者上嘗有釃
水之道曰清水閘渠漲則北洩之于浦今廢數十
年矣而故址則存盍復諸錢君行視信然請費于
邑益以己俸僅爲錢六萬乃召其都之豪長者以
禮勸之君素信于民莫不響應凡閘之用各獻其
力不日告其明年秋農隙乃作相命子來無敢惰
偷上創石橋下甃十門啟閉以時一追舊規因其
餘財繕治近堤廣五十尺袤二千尺土石堅密足
利永久又明年渠得不決民以大悅歸功于尉錢
君謝曰水利非尉職也財力非尉有也幸分運渠
之責得從諸君以集事有如悉治其所未及使長
堤方靴而多爲釃水之道豈不益善顧其役大費
殷芸嘗請于府及使者而未云獲也吾方有遺恨
敢言功乎邑人退而請記于余余惟天下事不有志
者嘗阻不得爲而得爲者未必有志或不知其所

以爲令錢君可謂有志且于不得爲之中獨能爲之有成績矣將使上之人明知其事而動心焉則一舉而運渠之患可以息余又何辭故樂爲之書

孟宅閘廿二都　在縣城東洩運河之水于江清水閘坦宋嘉泰元年尉錢續修後圮尤甚縣以白府府檄築海塘府史王永修永以舊閘小窄不足防水議就故址更加深廣工費頗鉅乃與監邑僧烈圖尹張叔溫簿烈古沙等勉各寺僧出三年之貲以助役得中統鈔六百餘錠命等慈慶善寺僧大達貿血司之俾邑人曾鑄等于大達處支價買灰石椿

本委耆民張德潤董役先濬水次孟宅不數月竣工至今不圮

西水閘廿二都在縣東南宋令袁君儒置以分穀王帶溪之水

清河坊閘廿二都

永濟閘廿三都在縣東四明西港計五洞每洞濶一丈五尺

新安閘在縣東五里地名包村港萬曆二十四年縣令胡公思伸建瀦百雲鳳鳴車廐諸溪之水于湖

河閘凡三洞每洞闊一丈餘上爲橋以通往來兩岸皆甃石以防衝齧置田以資修理定官閘夫六名以司啓閉亦聽以田湖公記其事于石記曰萬曆丙申秋不佞奉　天子簡書出令于虞惴惴然惟以曠瘝是懼甫下車即進三老于庭曰不佞以　主上命得從諸父老游冀有以教不佞俾不爲山川草木羞三老僉起對曰善哉君侯幸辱此言虞人受福且不朽矣虞疲瘵也土亢而苦旱數日不雨則田皆龜拆人文夙號彬彬而隆萬以來寖衰漸替不能不廑吾侯之憂也余因博謀輿論環考虞疆西抵姚江舊滙爲沙湖道源自運河中通西溪成巨浸可一舍而抵縣治治南爲水源發自百雲與溪漸流灌于城內分流而爲玉溪郊外舊有橫壩閘以障其流而廻波轉注焉久皆湮沒無存矣運河而東則由治直達通明去治東半里許而南有孟宅閘

關下之水盤旋至包村港實衆水所滙處爲江潮之咽喉水口之關鎖而地勢高仰苦瀉直走姚江寧惟一方旱澇是虞實四境風氣攸關則莫如閘包村是邑余乃次第經營旣爲修築沙湖蓄一邑之水源又爲更新横壩濬玉溪之壅閼而尤注意于包村願安所得直乎僉謂玆水之灌田者畝可萬計不閘時苦旱不登閘則歲可倍收化瘠爲腴今第量其承灌之淺深爲輸錢之多寡分爲三則則無逾二錢費均而省情委而安宜無帖服如命者已而衆皆稱便遂條議以上當路咸報可於是簡其土著之父老若子弟諳練强幹者俾分任若役而精簡年高行優爲輿人所推服者一人俾總任焉其田號畝數俾隨則輸納著籍又首捐俸爲率先卜日興工而諸會首業家各急公如私輸錢若勸不見爲厲且譁而德之者殆無俟功成利蒸而後見非藉父老處置得宜能爾耶凡計工若干直若干歷歲月凡幾而功業有緒然尤慮其伲或而伲圮也則爲增益其高而設東西兩埧以捍瀲

衝處傷地陡絕高下無從別也則爲厚築横壢立界亭以防流決慮鉅功既襄無以鎮也則爲建神廟以培築地靈又慮廟之歲久而或頹也則爲撥田以備修葺另撥祭田贍住持以供春秋祀事亦自余暨一二僚捐俸以倡而邑大夫士民等兢以義助所賴任事者協心悉力殆無遺計而開事始竣聞名新安余新安產也民識不忘倘亦鄭渠蘇堤乎　邑士民多其功乞倪公涑爲之記　記曰吾虞古稱饒壤絕重江而阻岸山鮮秔稻魚鹽之饒乏舟車商賈之利而歲輸大司農水衡錢穀有常期小民盼盼所望以畜妻子急公家者獨此力耕之入而厥田中下雨暘時愆穀聞邪登脈脈之衆戶未及糊而催租之吏已咆哮於其門矣有能力爲之備使歲不爲菑而獲有常稔則民之感其德而不能忘又慮其忘而圖其久也曷足怪乎於呼此新安開之所以名而記之所由作也邑之東鄙爲包村壩村而田者可萬畝周廬列亡慮百十家顧當流湍急

直瀉姚江十日不雨則田皆槁坼而桔槔無所資
施由是民貧日甚胡侯治虞三月而政通人和於
是巡行阡陌問民疾苦知包村宜閘狀乃集父老
子弟問地宜閘而久缺者何民自悉而倘辨于官
者何吾使若自治而無煩于官吾治若而不至于
衆者何侯於是削牘條上大中丞直指臺監司大
府曰令知上虞毋如包村當閘者第以財力無措
故憂民之吏第仰屋蹙歷百千年莫之或舉今令
已度地宜得其隘可功約而費省復列爲水門時
其啓閉使田不病澇而亦常爲瀦乃宣布條教察
年高而行修者爲老更使籍其緡錢畚鍤之數分
遣于子弟俾各供事衆庶踴躍不戒而趨自丙申
嘉平始事迄庚子如月竣工其閘尺計之高二十
有二深半之東西甃石爲臺袤四十有五中爲水
門者三袤四十厚各十尺子來之衆爲工五千有
奇用錢五百餘緡皆田受其溉者所自効官與他
鄉之民無與焉新安侯
里遂名其閘爲新安

柯家閘 鎮都 又名長壩蓄洩破崗等水下注餘姚界

韓家閘 鎮都 今改堰洪武七年置翰林學士宋濂有

記

記曰上虞有湖名夏蓋延袤一百餘里縣東北衆水經上妃白馬二陂瀦爲三十六渠支分聯絡以達于四凡灌一十三萬畝有奇渠之下流建二石閘視時溢乾而瀦洩之歲恒無凶者近代農官失政豢土成塍取給一朝不旋踵而圮旁縣無賴子當旱暵時又夜半決防以去湖竝于海鹵水或乘湖而入禍稼穡舊常造堤捍其衝潮汐嚙蝕至是亦暴潰民惶惶告病矣乃洪武辛亥冬臨淮唐侯鐸自殿中侍御史出守會稽上虞會稽屬縣人士羣走白侯侯愀然弗寧行海上視決堤與民共約度田次會粟因口以賦庸甃石爲堤自蓮花池至纂風合萬有三千尺始與故堤屬侯斬牲享海神已登民曰堤幸成二閘無難者會侯召入爲御太常遂命僚屬集事其柯家閘廣二十有四尺深

如廣之數而龐其一先築土樹槷衞北星揆度久
且不壞方數以石兩翼四隅咸斂甃如法中皆石
欞左右皆有副楗次層板以爲縱閉復隨土形崇
庳疏級爲五以瀉水上駕石梁以便行者際以章
計者九百八十有五灰以斛量者三百六十有四
石以丈數者七百三十有八匠以日考者一千三
百其韓家閘廣減前閘之半深比廣倍之石檻維
二級道則減其一仍剏以石梁餘皆同其功物覶
前匠損四百石損五百尺損六十八縻損二百八
十五始事于甲寅秋七月訖工于冬十有二月此
其大凡也有道浮屠雷峯淨昱乃具事狀介太史
氏朱君石徵濂文記其成余惟成周之時稻人掌
稼下地以瀦蓄水以防止水以溝蕩水以遂均水
以列舍水以澮瀉水其爲法甚備其爲利至久也
然而溝澮之屬所可考者其深廣自四尺至八尺
或至于尋仞各二先王豈不知害地而廢稼以爲
不若是則水性失其常溢則有溺患乾則黍將災
矣古制不可復見有能設瀦防以惠一民者得不謂

之賢哉昔者曾文定公之爲齊州城西北有湖疏爲水門遇流潦暴集則取荊蒂爲蔽納土于門以防外水之入公爲易之以石其深八十尺廣三十尺視水高下而閉縱之而禁障宣通皆得其節人獲無虞今唐侯之爲閘也其與之頗相類世言古今人不相及果足信之歟是可書已

上虞縣志卷之四終

上虞縣志卷之五

建置志一　城池　縣廨　學校　倉厫　郵舖　橋渡　行市　祠祀　義塚

邑初以虞封名，自秦設縣，迦漢迄今，其間所因者什九，所損益者什一。隍塹國外，閭井比內，牧長之所臨治，秩然宅中，宜無廢弗葺者。夫入其疆，眂阡陌，入其門，眂堂奧，一切規爲，固俗之豐嗇，政之勤怠所繇耳。作建置志。

城池

夫八蜡之祭有水庸，以衛民也。湯信國之墮我郡

豈撤備哉初謂虞可無備耳設險以守其用甚大寧詎可一日廢卒之島倭三薄邪下而虞賴以完則賢牧之終金湯我也志城池

上虞舊無城本府舊志所稱縣城周一里九十步者蓋縣治之衙城也元至正二十四年方國珍據有浙東始建議築城東南平衍西北因山爲隍西南則跨長者山周廻十有三里高二丈有奇厚一丈五尺置樓堞通五門東通明南朝陽西晝錦北豐寧西南金罍水門在通明晝錦金罍三門之側云

汪文景撰記畧曰至正二十四年大尉方公與寶佐僚屬議曰上虞東連勾章西阻姚江南踰剡川北枕巨海邊圉未寧實爲要害之地城池不設何以奠民居而固士志即與弟知行樞密院事國珉率賓僚等來咨故實相地宜以令役於近地之州縣餘姚奉國鄞慈象山定海並上虞爲八邑共役之羸縮則視田賦所入爲差惟上虞當六之一凡爲城十三里其址厚二丈有五尺五分其厚之四以爲城身之高十分其高之九以爲城面之廣其上則每二十步架樓櫓以備巡警之卒其下則於四隅列營房以屯駐札之士槩甓爲陴樹木爲柵塹以深濠懸以飛梁守禦之具無一不備爲旱門者五爲水門者三門皆環石爲洞下闢重扉上屹層閣錮以金鐵繪以丹雘嚴嚴翼翼既固既飭而山川形勝爲之一新矣經始於是年之十月踰年而告成

至明朝信國湯和徙上虞城石徃築臨山衛城縣城惟存土

基嘉靖十八年縣令鄭公芸因故址興役築城高
厚視故稍增周圍共[illegible]百丈有奇內外具甃
以石仍置樓堞通五門改東曰啓文西曰來慶南
曰百雲北曰叢桂西南曰通澤三水門如舊南城
增便水門二以通百雲東西溪之水入城城下留
馬路六尺內亦如之邑人朱袞撰復石城記畧曰
唯嘉靖十有八年己亥春正月我邑侯莆田鄭士
馨芸下令復石城故有址就其復于隍者起之侵
者歸堙者崇再旬而土工訖至于秋孟適外障以
石堞其巔總高若干丈延袤十里許爲城門五爲
水門三上咸覆以屋穴水洞二引離坤二溪之流
而隍則外繞如故爲馬道外內惟周越明年三月

告績始戊戌之秋鄭侯吏劇自松陽覽山川喟曰壯哉邑乎吾其何以乃詢獻于三峯山人山人曰惟令王利其次莫若安甞以水利議聞諸郡守湯侯矣鄭侯曰吾責哉壘尤要者决河通江堤復沙湖冬廼績民相顧色喜鄭侯曰釋城而安得乎山人曰恃險不備其奚可益甞按志而著論焉顧其體大共復數圖惟慎哉鄭侯退而條畫林可材山可石陶可甓匠氏可工惟金奚出民兵歲募可裁田丁歲需可通註力奚征編戶以里起可用畚鍤以時集可程神詐機運城也然吾目中奚具請諸當道得報可遂諏日告神鳩衆啓土合諸官屬分局董率躬與諸僚幕日巡督之四望猝𧼈鄭侯曰亟就其奚以永廼改責諸殷戶九十九名諭之曰若等力宜任惟三歲弗圮乃備功否則罰已而更度易機機基纍石子趙家斡斬焉成式而門匾尚虛鄭侯曰故題不當新乎山人曰槩以局殊名可義定東啓文西來慶南百雲北叢桂西南通澤兼寓期待云乃大書而顔諸楣輻輳觀望舉欣欣曰

於戲哉斯復吾屬其永奠乎是役也費移之公而斂弗加勞公諸里而力弗困無昔者旁近之佐而計以裕慮不爲浮議所奪而績以底險設弗失其故而勢以寧非虛裹定命緦緦焉致勤于民曷觀厥成嗣令君子尚其無隳前績無專外圍以　其後丕昭先民本末之義庶我邑永永有藉哉

嘉靖乙卯丙辰間倭寇臨城者三卒獲安堵雖不無賴繼事增葺而鄭侯實爲首功不然臨難而議興築勢必弗及民且無噍類矣迄今四五十年來波恬警息固久幸無事然時爲省閱預戒不虞亦有不容弛者顧子鑒氏論城池而歸之民論天時地利而要本于人和則厚拊循以鼓其氣勤化誨

以作其忠使民心固于金湯乃萬全之道也（明黃德純

詩）虞封奠東區山川鬱以麗井肆廻周塗延曠距屏蔽關城鞏丕圖設險當須備長慶薄新元址從改廢域民洵攸虞恃陋亮非計鄭君懋新猷爲邦釐凋瞽繼言恤之疆郛郭足扞衛聯諏拓成基經慮定規制一舉土力完再舉不功乂巍哉壯金墉翼翼森堞雉闉户絕囂騷生齒安樹藝保停茂有嚴政理流嘉惠石陰紛尸碑盛功傳永世

（補）建置由舊無所更新自萬曆至崇禎甲申三月都門聞變巳後江干阻兵橫弁肆掠蜂聚蟻屯甚于盜賊民無寧歲幸

皇清大兵渡江救民湯火始得安息順治三年土寇

王岳壽聚衆竊發札大嵐山分布鄉落刼掠四出四年春三月賊破城視篆司李劉公方至死焉幸夜半援兵至賊竄走次年再入城焚縣廨及兵營民居民罹荼苦者無算會平南大將軍金發兵先檄援勦諸將堵集海口用土團子弟爲嚮道大兵繼進支黨以次就擒而巨寇伏誅丙申春餘黨投誠復叛焚刼鄉村居民逃避一空會　大將軍宜檄寧紹二府合兵進勦蕩平餘氛民始得安枕席然虞城薦經殘破雉堞僅存城樂缺廢郴陽鄭公

脩于康熙八年十一月至任殫心脩葺頹者起之圮者峻之按圖給工民力不煩趨事恐後自是始有金湯之固焉

廨署

君上以御下堂階之等威也協恭以僚退食有所與夫室廬以蔽風雨稱大壯者宜莫崇重於此彼託言茅茨者陋也第仁人君子常念及閭閻毋敢過侈爲觀耳志廨署

縣廨由秦漢至六朝皆在百官唐長慶中始移置今

所宋建炎己酉火於金人紹興中令趙公不揺重建廳扁曰公生明兩廡爲吏舍常平貨帛庫在焉景定辛酉令家參公由建思政堂于東令陳公炳建左軒曰懷古北曰騰笑其南有圃北有蓮花池令趙公希惠於圃中建瑞豐堂池上建信芳堂令袁公君儒於東南垝垣上建亭曰千巖勝槩又移閑居于北圃扁曰月庭嘉定己酉令樓公杓闢縣廳西北爲圃屏西廳曰種德東偏爲恕齋又於縣南通衢作南門榜曰上虞縣樓更鼓其上謂之衙樓

嘉定癸未大風圮壞淳祐丁未令魏公珉重建其西臨河建觀風亭咸淳乙丑攝縣事王公琰建對峙二亭左曰詔令右曰教條元至元丙子宋張世傑挾潰卒奔玉山故婺寇經剡而來剽掠縱火邑居燬典籍碑志化爲灰燼縣官僦民居視事甲申監邑烏馬兒尹展熙重作廳事扁曰公明堂外鄉門廡又以出入路紆折西南因縣南新衙展而甃之行者便焉戊子監邑火你赤尹李文道建道愛堂於公明堂後辛卯簿余自明移譙樓于儀門前

監邑贍思丁始制刻漏其上作東廳曰博愛堂後至元尹智紹先覩譙樓傾頹更新之而刻漏無存尋繕拜埒甬道門廡賓燊倉庫郵傳戒石井亭綽楔臺門庖湢犴獄中霤之祠凡宜有者畧備縣廳西南爲丞廨曰見山堂堂後有軒曰自公軒後有池池上有簡靖軒西軒曰日哦西南有池池上有亭曰野航後至元壬午汰冗官華丞簿廨在縣廳之西其東序曰客齋尉廨在縣西南其北爲射圃對鑒二池亭其上匾曰照心無何燬越十五年庚

貢尉張輿重建其署事堂曰清心燕居曰環翠迨明遷正衙於道愛堂後（道愛堂即今協恭堂）門臺前廳後寢翌以兩廂構四知軒於東荷香亭於西後崇土墩以地脈所來也（令胡公思伸立石戒勿剷削）丞衙在正衙東簿衙在正衙西典史衙又在丞衙之南門臺廳事寢室廂房俱備洪武間令張公易於譙樓南浚放生池橋其上皆甃以石東西翼旌善申明二亭（旌善亭書孝子順孫義夫節婦凡爲善者于上以示勸申明亭書有過惡犯逆重罪者于上以示懲）宣德末縣廳圮令吳公倖重建立儀門兩廡作六房置

吏舍于西廡之西左庫曰耳房在廳事東收貯官銀右庫曰架閣在廳事西後皆因之邑人張居傑撰記畧曰宣德戊申富陽令吳侯倖調宰上虞顧德政之堂傾圮歲久謀諸僚佐各捐俸屬醫學訓科貝宗璭掌其出納鳩工興役即故址上畚以砂礫繚以垣墉營構正堂三間前后爲軒左右翼以兩廂閣偉壯麗規制合度計役若干自是聽政有堂燕息有室禮賓有館視昔殊備矣經始于宣德庚戌九月落成于三月辛亥邑之士民請余識其事用昭永久侯字以廉雲門人至成化甲午復圮令邢公昊重修兵部左侍郎新昌俞欽撰記畧曰邑治舊在百官爲江潮衝激唐長慶間徙今地歷年六百餘廢興不知幾矣自宣德辛亥吳侯經營改作規制畧備至成化甲午復圮視事者就燕處之地等威莫辨茲

戊戌邢侯昊來任慨然有修葺意首捐俸爲倡發公帑羡餘勸民協功鳩工市材經始于成化辛丑冬十月明年秋七月告訖特僚佐皆缺侯獨任之鞭朴不加而功底完美可無紀乎侯字仲高雲間人丙子科鄉貢進士正德中令陳公言匾廳事曰牧愛繼匾曰忠愛曰節愛今匾南改曰實心實政前軒曰青天白日曰天監在茲廳事前甬道中仍立戒石亭先是元尹智紹先建今因之刻宋真宗命黃魯直書孟昶語曰爾俸爾祿民膏民脂下民易虐上天難欺舊譙樓構以木正德末令伍公希儒始伐石壘基作洞門令劉公近光復創重樓于上春坊諭德會稽董玘撰重修譙樓記畧曰上虞故有譙樓實維縣外門久而圮

前令伍君汝眞疊石爲基營搆未畢而召爲御史以去令令劉君汝敬繼之爲樓五楹周以闌檻高廣與基稱材取諸羨力取諸隙無靡前功無侈后觀經始于正德丙子之春至明年丁丑之秋而落成夫事有似緩而實急觀人之政有二其細而徵其大者過其境而田萊辟入其邑而牆屋固宿其郛而更鼓明此昔人之所以觀政而齊之李崇宋之張希顏皆以善政載在國史所謂于其細而徵其大者然則茲樓之作可以徵君之政矣記之固宜縣有百樓山疊繼複嶂若樓然者在其南與樓相値雲氣貫物恍惚萬狀俯瞰清池倒影浮動而廛闠分布溪野長衺河流隱見皆在履舄之下所謂居高明遠眺望亦爲政之助故附書之君名近光與伍君皆起江右進士伍君名希儒字汝眞元江浙儒學副提舉楊彝撰壺漏銘曰立表下漏軍府之經昭示大信無爽聰明天運有恒水流不息盈虛升降茲器維則人衆耳目視事典居小大泰令以無或渝匪器弗渝維出于公施政若斯孰

敢弗從至嘉靖乙酉楊公紹芳因縣衙衙口舊坊基建承流宣化坊又置仁育義正坊于東西乙未六月火令張公光祖移坊於放生池前易以石止區曰宣化嘉靖辛酉令李公邦義重建土地祠于儀門外左禮賓館于儀門外右區曰親賢堂堂之前爲犴獄對獄爲總舖設重門于譙樓之東縣治前直南爲接官亭匾曰臨洋駐節在運河邊即宋觀風亭元以其故址爲曹娥埠水驛洪武初改今名亭后設照墻對縣治縣衙後有巡更路一帶設更舖二間便巡警者遞換止宿至萬曆戊子令蔡公淑逵

以縣治傚壞選耆民十六人發贖鍰修治凡正廳儀門譙樓左右兩廊悉爲重修閱十月而工竣邑人鍾𣫍撰記無何而兩廊盡燬于火越壬辰令楊公爲棟重修縣治復剏兩廊邑人顏洪範撰記

虞公廨故有廊歲久傾圮而一旦又不戢于火故曠然舊址耳綦江楊公來令意無先是役者明年壬辰公以受計還虞適有旱魃憂乃觸烈日徒步行七十里雩龍于盤山能爲見旋雨霑足其年遂爲有年公始欣然曰廊亭可成諸僚屬相勞苦公曰不忍重困吾民然終不可以無廊卽庀有材鳩有工始有成廊特爲記其始末楊公字伯隆萬曆己丑進士丙申遷水部郎去士民思之立碑儀門之左詞曰溫溫其度確確其守賦簡刑清民肥吏瘦士安于校農狎于畞善類揚眉黠魁歛手召杜齊名

循良稱首丙申秋令胡公思伸繼之蒞任幾八年旋壞旋葺以非大役故不著述末年新剏照墻於放生池前以重屏蔽甲辰令徐公待聘自樂清調繁來任以土地祠湫隘譙樓傾壞各更新之又移耳房于協恭堂之左建收粮房于儀門之內而一切廢墜餝治歷歲久而材木朽蠹

皇清順治三年令朱公應鯤鳩工更新甫成五年三月山寇入城燔燒一空自是廳事鞠爲茂草縣官晨衙視事率於私署又譙樓圮壞僅存廢址司晨

夕者靡所棲止康熙十年祁陽鄭公僑慨然獨任以爲堂皇不肅曷稱具瞻未朞鳩工興作自堂徂門迄于麗譙材用庀甓悉捐清俸勸助樂輸佐以罰鍰不踰時而集經始于庚戌之九月至辛亥三月而落成公堂峻塏門庭軒朗譙樓翼翼秋九月復構二堂以爲退思之所建兩廊俾胥役承事各奠厥居自是公庭嚴肅吏曹整齊式虞邑者咸謂煥然更始焉

丞署舊云東衙頹廢僅存數楹不蔽風雨神本王

公衙才於康熙十年十二月捐俸市材建堂三楹稍復舊觀尉署舊之南衙麗鼓樓左今移居簿署頹廢僅數椽康熙七年六月富平張公鳳麒捐俸市材建堂三間修葺垣墻自是有佐政之所

學校

膠序之制古亡論已自王祀宣尼亞于郊社廣厲學宮而青衿士樂育其中者彬彬與齊民異等寧盡爲文藝地哉闡道樹勲式端風化皆師弟子是責設齋宮徒具而不厚自矜奮以爲齊民倡即衰然衿帶詎足華也志學校

廟學去縣治東六十五步宋慶曆中始鄉紹興初令王公恕建堂三間名曰命教甲戌令葉公顒改相面勢斥而大之至乾道壬辰尉沈溴淳熙甲辰令

劉公苕相繼修葺闢東偏地爲射圃邑人豐誼撰記畧曰上虞自漢號爲名邑宋興與列聖崇儒右文以化成天下至慶曆間學宮始遍于州邑黌序蓋甞盛矣紹興甲戌葉公顒宰虞悼士氣之不振乘政令之優餘因命斥大其制會公遭時休明受知主上引以輔相不無未竟之業迨淳熙十一年令吳興劉公苕下車奠謁顧瞻慨然遂有志興葺規模中定方發其謀明年九月辛卯首撤宣聖殿盡去腐材斬然一新凡三十年間朽蠹者剔傾仆者興丹堊煥鮮人用改觀尋增墾東偏茀地芟薙草莽闢爲射圃張侯棲鵠其中以爲諸生習威儀而觀德化之地是又向來之闕典也公材足以剸煩而政本于化民成俗非規近效博名譽者比昔鄭之僑爲政不毀鄉校鄭人愛之載于頌歌憂其莫繼賢者信不常有爲政而能知本務者鮮亦久矣邑人方誦葉公之政未忘而又得劉侯克成其懿三十年令之敦本務急教化有後先齊美

若此彼區區鄭國何足進焉誼居是邦幸際其盛敢樂爲書之爾戊申令戴闓之攺命教堂爲仰高慶元中令施公廣求始鑿泮池架木爲橋嘉定甲申令樓公杓重建仰高堂更匾曰明倫於泮池宜南建櫺星門一座元至元甲申尹王公璘建儀門三間大德中尹阮公惟貞重葺明倫堂教諭喻公舉重修櫺星門邑民貝道周貝居仁等捐地相之至治三年尹孫公文煥復修儀門至正初尹李公好義攺刱儀門名曰大成門十一年尹林公希元更葺明倫堂泰不華撰記畧曰

國家愼選守令輟侍從論思之臣出理郡邑翰林應奉林君希元任上虞尹至官一切期與民休息州望謁先師廟與文學師生講求治要顧瞻明倫堂棟宇撓撓慨然曰學校未興德化弗流若何稱塞屬歲少稜無以給費乃與達魯花赤佛家兒議捐俸金以倡之添佐僚吏莫不樂從邑人占藉于學及家饒而好義者各出私錢來助合所得緡錢五千有奇諏日庀工撤而新之度材必良陶埴必堅基構樸斵朽塡塗墍靡不完好凡爲堂三間高壯深廣度越舊制用可經久與丁於至正十一年十有二月丙子明年五月丁亥落成教諭朱𣑱疏其事屬余識之于石按上虞有學始于宋之慶曆重建于淳熙堂則嘉定甲申所刱也國朝大德十一年令玩惟貞以痺隘得民故材改作焉逮茲五十年漸致圮壞玩歲愒月補葺相承縣令以興學爲事率之以義人用趨勸不數月而堂搆一新俾師弟子得以安居講肄宜矣今夫環千里而郡百里而邑莫不建學立師學之所以明人倫者豈惟

古昔先民爲然盖自有國有家至于士庶之立身君臣父子夫婦兄弟朋友之倫一有攸斁則失所以爲人之道將有不容於天地間者然則啓廸繙率之功講明問辨之益可少廢哉朝廷命守令以崇學校爲務蓋欲道德宣化軌民于中敦天叙民彝之正防放僻邪侈之萌俟造是登刑罰可措用以化民成俗者守令事也或者拘於文墨林于利害於所當爲而不爲與欲爲而不能爲者有矣上虞古名邑俗號易治今又得賢令尹與學以教之宜勸爾父兄率爾子弟講之于學修之于身施之于家以睦其鄉以親其上以無負邑大夫之志尚其勗哉林君天台人嘗任一兩闗爲政廉愼嚴正邑以治稱　十八年尹鄭公諫更名明倫堂爲忠恕堂別有傳

癸巳教諭朱公棨易泮池橋以石遺元末毁明興制因舊爲新中建　文廟新木樽土爲　先師

及四配十哲像大成殿凡五間殿前左右爲兩廡甬道而南爲大成門門之南爲泮池池之南爲櫺星門殿之後爲明倫堂門書大學經文爲劉公瑞書堂內東設鼓一西設鐘一口丞張準銘曰維學有鐘爲晨夕警赤牢一鳴皆聞四境至者以興昏者以醒舊既無存闕典斯大今復營成廿子是賴凡有耳心以懲以戒堂前設兩齋東曰明道西曰正己齋左右設號房爲諸生肄業之所西東仍爲射圃殿東翼室爲祭器庫東廡外爲倉庚大成門西爲庖湢教諭廨在明倫堂後兩訓導廨一明道齋後一正己齋

後建鄉賢祠于大成門前之東西祔祀名宦于大

堂列土地神于中其規制畧備焉洪武二年詔儒

設科分教令式於學降卧碑制書三年詔頒鄉射

禮儀十一年詔頒鄉飲禮儀至末年令馬公馴贖

民地於櫺星門左建儒學門三間舊俱從櫺星門出入不雅故更

建正統間令李公景華教諭盛公景閎新兩齋改

東曰正誼西曰明道而教諭訓導廨各仍其舊西

廨稍廣鑿池種蓮頗稱幽雅景泰間令唐公啓重

修學宮增東西兩廡各十楹號房增建樓屋十楹

疏砌泮池假民地三十餘丈鑿溝以防洇溢改名

大成門爲廟門祭酒陳敬宗撰記畧曰虞學舊有殿廡堂齋歲久腐朽日漸傾欹景泰四年夏六月臨川唐君啓來令謁聖後周覽學宮廢墜慨然有一新之志先因學基逼隘廡齋共一廊屋穿其中以通出入隔前簷以爲廡而繪先賢像于壁分後簷以爲齋而居生徒于下蹂躪喧雜殊失祀神之敬乃捐俸金購隣人屋基而克拓之東西各建兩廡俱十楹以列先賢之位東西各建樓居十楹以爲生徒講讀之所然後賢得所尊士安所習戟門外有泮池瓦礫填塞四際皆蕪惟存石梁旱則水涸雨則水溢于是濬淤塞以蓄水假民地疏鑿爲溝以洩水俾無洇溢之患載瞻聖殿巍巍明倫翼翼櫺星戟門前列廩儲食庫傍峙以至會饌之堂庖爨之厨凡學宮所需治者靡不究心焉輪奐輝耀制度一新春祀者致誠講肄者奮志周旋進退于衣冠禮

樂之中揖讓俯仰于鐘鼓籩豆之所莫不遵然嚮明慨若凡近得以樂育菁莪之化唐令之功何其盛哉余素知其能及宰上虞能譽益著茲因文學之請樂爲記之如此　正德間令任公希儒嘉靖初丞陳大道皆嘗葺治至三年甲申令楊公紹芳以櫺星門舊制未稱門前湫隘不堪雅觀更爲高大其門仍贖西南錢氏地以拓之八年巳丑令左公傑移置鄉賢祠于廟門西奉旨建敬一亭于故址立石刻御製敬一箴五箴解十年辛卯詔去聖賢像用主塑像于廟門外不稱封爵曰先師改大成殿曰先師廟提學汪公文盛青遵

制額也十三年甲午復奉旨建啓聖公祠于敬一亭後十五年丙申令張公光祖建名宦祠於廟門東舊祔主鄉賢祠夾室移庖湢于明倫堂西舊在廟門西南再西爲介庭舊在東廡外又西爲祭器庫舊在殿東戟門內貯祭器銅香爐檢鐵香爐二十四爵二十三錫燭臺檢對錫銅十四錫鐙錫碗十四大盤十小方盤二十六爲匜十二牲匣盤二十七簋二百八豆二百八籩四十簠四十木燭臺二十六對酒尾鐏七正殿大絹帳六頂啓聖兩廡絹帳二十七頂古劍壹萬曆年間上虞湖耕夫得之田中獻于縣令楊公爲楝公送學以爲祭器每春秋丁祭陳之殿中其書籍另貯于厨藏敎諭廨內舊存四書大全二十本易經大全十二本詩經大全十一本書經大全十本春秋大全八本禮記大全八本性理大全三十本五倫書六十

二本欽明大獄錄一本勸善書十本孝順事實二本內訓書一本女訓書一本御製大誥龍飛錄二本明倫大典七本七詩著書四本周易一本禮記著書十三本爲善陰隲五本邑人都憲車純續置新奏學政一本禮記集說二本穀梁傳六本公羊傳十本周禮註疏十四本爾雅註疏四本孟子註疏七本左傳註疏二十二本儀禮註疏十二本易經註疏五本書經集註四本春秋四傳十本禮記集註五本韓文五本柳文五本大學衍義補四十本杜氏通典四十本通俗膚言一本理學格物通典二十八本資治通鑑八十本新降醫方選要十本考異八本文章正宗十二本大事記八本高皇后傳一本詩經集註四本存　東廡北爲吏書房一基簿一本兵燹後無復留者　應册籍文案皆藏焉　舊有學田三千畝備教學正周公振碑陰向爲軍民僭沒十六年丁酉令鄭公芸查復如

舊無何鄭去後復没二十三年甲辰教諭嚴公潮更爲查復并逼植栢木于學宫自爲之記曰嘗考邑志學建于宋慶曆四年基廣一十四畝自是頽建不一元大德中教諭喻舉重修櫺星門以地隘得邑民拓地數丈相之是時門在大成殿東南爲出入者所共由洪武間知縣馬公驥病其褻乃贖民居另建門以通出入景泰四年知縣唐公瑢又克拓改築之時櫺星門又偏在東弘治己酉提學鄭公紀屬知縣林公琭移置櫺星門與大成殿相對然西猶逼民居南尚雜市廛嘉靖甲申楊公紹芳闢而廣之自是文廟門臺端直軒豁巍然可觀矣而東西號舍尚多缺略自弘治乙丑知縣陳公祥贖地數丈克拓西號至嘉靖丁酉訓導吳演請于巡按周公汝貞官置民地教諭張仝又捐貲易地合計之由東北而前深一十六丈濶四丈克拓東號巳而吳演又以本衙隙地易唐麟日地一畝以完官

舍自是學宫規模均齊方正但後欠缺且本學舊有柏數枝僅拱把自嘉靖庚子蒞學偕同寅桂薰更染徧植栢共四十二株問祭以桂舊有學山歲久迷失嘉靖丁酉知縣鄭公芸始查出未幾鄭去奸人埋没如故癸卯歲潮偕同寅桂薰曾册併力查之纔得招認供租自甲辰年始其山係十九都如字二十號四十號共山三千八十五畝佃山户王兼八王福元王祥五王記三四人爲首另學田七畝五分坐落一都及二十三都學房二間一在大中坊儒學西一在南城門内止存空地　本學舊有五倫四書五經性理各大全書凡一百八十餘本傳守已久皆官板大字與常書異嘉靖壬寅邑人車公純自福建方伯歸有十三經註疏杜氏通典等書共計三百餘本送學供士子覽觀其盛舉乎余考本學修建歷有碑記然止及一時興建之人耳其于歷年克拓之人與地或未之詳況景泰以後克拓居多自今不記則前人之美且孤越而後來者將何考據耶故記于石以備稽覽

隆慶四年令謝公良琦重修聖（大成）殿未畢而憂去本府通判林公琛署篆繼之乃畢役復甃神路增露臺而諸祠堂厨俱各新焉邑人陳洙撰記畧曰古虞風氣迥遭視他邑冠南有百樓以挺秀于前北有五癸以聳翠于后東則瞻峯揷文筆于震方西則蔡山呈天馬於兌局此爲大都而儒學建置于邑之中央偉然一巨麗也自宋慶曆剙始以來宰執臺諫忠臣良吏宗工碩儒騷人墨客雖婦人女子亦多節孝貞烈炳焉相望是固遭時之熙洽沐化之薰陶夫亦山川之靈秀鍾于人文而隨時發洩之盛有不可誣者學經建置已久雖屢葺修而歲月侵尋棟宇剝蝕墻垣傾突廟甚不治隆慶己巳毘陵謝君良琦來知縣事剔浮餝蠹庶務聿興而于若寒勸士尤肫切焉乃觀學宮圮壞慨然有興復之志時學博何君天德張君文炳俞君寅集諸

生協議檄上撫臺谷君中虛報可遂行縣佐馬君如龍估計工料各有條理無何謝君以憂去視篆本府別駕林君琛飲財鳩藝督率成工專委史林君九思經紀其事撤舊增新庶用攸適夜篝早作衆力不奸至甃神路增露臺林之勞居多而實謝君已先為措置故財不取諸田賦役不煩乎民力經始于四年之四月而迄工于本年之十月廟廡既考而鄉賢名宦啟聖諸祠以至于明倫堂庖湢等處亦再冓新巍煥前此所未有也掌教李君禴分教宋君應奎相繼至止樂觀厥成咸慶與賢育才之有自列狀請余識其事余為記之如此

萬曆五年教諭李公志寵建土地祠於明倫堂右在庖湢庫房之中即倉庾廢址舊廁名宦之列茲特撤去自為之記畧曰虞之學宮宋慶曆間始撤歷明其制乃備獨土地祠尚缺而廁于名宦俎豆之列豈有待而未遑也萬曆

丁丑余自南宮來署學事嘗聞諸士云每于星月之下見一老人衰衣角巾鬚髮垂白往來于殿庭間人以爲土地云余謂鬼神出沒雖幻冥不可知而敬事之訓則嘗聞之夫子夫山川草木鬼神依焉尚足以呈奇表異況宮墻之嚴喬木之森廣袤數十畝而獨無神祀之乎顧所以妥靈貺而昭陰德則在有司者事耳虞之文物彬彬甲于天下而于土地祠宇比他郡邑獨缺者責將安歸于是特卜于明倫堂之右肖其像貌築壇設坐奠厥攸居朔望率諸生拜于祠下春秋祭祀必虔使人人惕厲而振起若有爲之祐贊然者安知非神賜耶則土地之設于學校不無少補云　至十年

令朱公維藩重修大成聖殿邑人陳繹撰記畧曰上虞儒學修于隆慶庚午迨今十五載勢漸以圮萬曆壬午春淮陽朱侯維藩來涖茲土拜于殿下退謁諸生曰學校之隆替世道之盛衰係焉詎可一切委棄之以至于此也居數月以入覲行明年還又以旱

故松軒不暇冬十二月乃用諸生言請于當道諸公咸報可迺諏日祭告庀材鳩工易其朽蠹加以丹堊蓋以巖巖民不加賦吏不告勞三越月而煥然美矣釋菜禮成觀者如堵咸嘖嘖嘆曰匪我朱侯曷克有是文明之治乎學諭程君克昌司訓戴君士完謝君璿走不佞請記於戲宮室之壞人恥焉而人修焉凡以棲止之不苟也壞其身而不恥恥之而不知脩豈以宮室之修也易而身之修也難哉吾見修宮室者採木于山伐石于岩取瓦甓于陶收膠漆金錫于市而又求良工以治焉一不集則事不舉若是乎難也君子之修身不然㬥則修吾仁枉則修吾義蕩則修吾禮惑則修吾智一反求而身是脩矣身脩則經綸參贊胥此焉出其事比于宮室不甚簡而易乎人顧明于宮室而闇于脩身余所未曉也虞爲大舜封邑有聖人之化士生其間力學務本多清操直節如王克魏朗朱儁稽紹之流顯著漢晋宋文公先生提舉浙東嘗講學月林永澤書院當是時文才輩出士風大振

至于季世猶聞李莊簡公回叱秦檜劉忠公論罷史嵩之今讀其書尙令人悚懼入國朝陶以禮樂漸漬日久士之抗節厲行爲斯學之重者尤加盛焉往者無論已即余所覩記如葛公浩之折逆瑾車公純之諍大禮吾兄紹與徐公學詩謝公瑜葉公經之指斥權相皆轟然震動名載史册今之士頗有前輩餘風侯復廸之正學重建文公書院羣諸士於其中較藝督課闡明聖賢微言奥旨而又復西溪湖建奎文塔俾諸士遊焉息焉曉然慨毅然往躋其巔而窮其源如孔子之登太山觀呂梁朱子之陟雲谷歷九曲不造其極不已豈獨文章功業云乎哉此侯修學之意惓惓于爾多士而諸生之所自修以求無負於侯者也侯別號貞石萬曆丁丑進士　二十一年癸巳

楊公爲棟更事修葺并置學田山邑人鄭一麟撰

修學記畧曰虞學圯以歲久屬丁亥風變且大壞士靡樂業辛卯楊侯涖治謂是先師

所妥靈而弟子員遊居習讀其處奈何稱雅觀會歲壬辰歎至癸巳始克興役材庀于贖工鳩于募惟能運斤巧者執塗撤腐易堅丹雘外繚儼然爲孔氏宫牆學博諸君以事竣委一麟記之余惟是造士以學與農之爲工之肆巧不問爲于農則惰不居肆于工則爲學舍圯而士無所托跡即欲誦法先王而取世資謂發軔何俾哉侯之此舉得首務矣雖然學鞠而圯咎有任者修矣士何以無忝厥修虞俗猶近古其返之淳也特易藉第令諸生愿聖　訓遵先喆勵名節敦雅道俾庠序不爲虛具弟子員不爲觀美而論士者取重于虞乃稱茂才異等不者士自勵修而易以稱修學之意焉是役也縻帑金若干爲日若干甲午之夏業已勒不而鄉民有以古冊獻者侯命歸諸學曰是惟　先師所克享夫地不愛寶行與符會兆厥佳祥則侯之大惠于虞庠也實並茲冊以不朽

邑人何大化復撰置學田山記畧曰

令天下郡縣學往往有田以贍寒畯周緩

惡而所在士亦往往藉以完粹脩養沖志盈興學育材鉅舉焉虞學雅甲於越故未有田爲缺典楊侯自萬曆辛卯春領茲邑適五季矣一切于惠元元而尤属意黌序學舍之圮也俎豆露零章逢雨立有弗堪者遽葺而修一朝輪奐煥然妃湖之畔或云禹鑄或云商彝廟甫落而天發祥詎非古神物哉而遽薦諸廟千百載瘞藏一旦而登崇簠簋華美宮牆于學亦大有庇矣廼又以聖靈允妥士業靡資游息有歸修瀡殊缺煢煢鉛槧有不能具饘粥時昏葬者卽或砥節而修亦何藉以興乎侯慨然引爲己任爰徧搜諸廢寺産如嘉福奉國等若干畝久入豪吻者上諸當道曰若爾産也與其饜小人之腹孰若公諸學校爲青衿士一助哉當道咸報可復令邑慕灌君汝魁履畝核實而牒之學歲所入在邑庾歲賑給聽所請侯名爲棟綦江人萬曆己丑進士

嘉福寺上田二十五畝八分六厘四毫　法界寺田五十一畝四分　奎文閣上田六畝　智果寺田四畝七分三厘四毫　奉國

寺田一百三十九畝六分七厘　另山兌換田二十三畝七厘一毫　范永五入官田二十畝已上俱載原卷　山共三百四十一畝地共六十五畝五分俱候變價另置田畝　至二十五年丁酉聖殿盡圮令胡公思伸搆異材再新之工甫竣而明倫堂復圮更爲刱建邑人何大化撰記

後有續置學田若干會稽編修陶望齡撰記畧曰

虞儒學非無田也而罔實惠卽若無田令胡公之涖虞所以優恤諸生者甚厚然猶以爲未旣其實也至癸卯九月歷虞者巳七閱歲念一日去虞而無以寄惓惓之意于諸生于是捐嘉胏之羡緡斥置民田于學立之專籍以示永世諸凡爲學所公費者咸得而取給凡青衿貧窶之士咸得沐恩而沾溉之甚盛心也夫虞在越中獨土瘠而民鮮饒業一入爲弟子員輙無暇問耕以爲篇庾計歲小

歉糊其口而弗贍謂咕嗶者何且自隆萬以來士比數奇公廉其狀曰當先培風氣乃于百雲門之外疏巽水以通玉帶溪無何而丁酉士與計者四人巳學宮及明倫堂壞公爲加新宮墻翼然無何庚子士與計者二人共一則裒然而魁浙辛丑登第者二人第武試者二人共一則杰然而魁天下今年秋與計者復二人諸生翕然加額而歸于公曰此足證公作人之盛矣虞生闡闓詩書固不能人授館穀而脫可裨百分之一儻亦有投醪意乎微獨虞所未遘卽世世嘖嘖號廉明而加意興文者不曠乎後哉學博楊君於朝陞君官尤君存古躬覩盛美礱石紀之以詔後來無或廢墜云公諱思伸字君直萬曆乙未進士徽之績溪人　新置首字號田十二畝六分八厘每年額稍租銀五兩七錢六分七厘扣納糧差一兩二分七厘淨銀四兩七錢四分收候修理學宮并明倫堂又置首字號田二十三畝五分零每年額稍租銀九兩五錢三分九厘扣納糧差一兩九錢五厘淨七兩六錢三

分四厘收貯侯歲考類考造冊外餘銀總本學別項公廢俱于租稅銀內支用永爲定規其田坵號段開載印信交收簿內歲甲辰徐公待聘來蒞顧瞻學宮以

朝門兩廡啓聖祠及兩齋皆就圮而鄉賢祠久廢

櫺星門并墻垣俱壞慨然興思直以財力艱而愼

厥舉也乃於乙巳春捐俸發贖選者鳩工各爲新

修又以訓導二衙俱由齋中取道特移齋址稍北

堵其中別新一門于齋傍以便出入由儒學甬中

重建儀門以壯雅觀邑人知府倪涷記畧曰吾虞徐侯

巳試樂清有成績下車見學宮圮壞喟然嘆曰是

先聖之依馮英才之所聚集而榱崩棟折人將厭

之如教育何即鳩工庀材諏日戒事踰年而告成堂殿門廡祠亭齋室垣池庖廩煥然改觀而黝堊丹漆之輝煌睨題楶桷之完美瓦甓磩甓之堅緻又皆足以新耳目而垂永久于是紹介而屬記于余余惟循吏莫盛于兩漢彼其廣陂湖賣刀劍種桑柘蓄菱芡非不蔚然信史而所傳文翁則獨詳其化蜀一事它無及焉豈不謂士習重而教育先與即前漢吳公治平第一千百世所沿說而僅譁者亦獨舉洛陽一年少耳則其平日之教育又可知也儆邑文雅或不爲蜀郡後拓而克之又安知無通達治體如賈生者此侯所以汲汲于下車之初也侯名待聘辛丑進士吳之海虞人時萬曆三十四年歲在柔兆敦牂沮月既望

教諭馬明瑞又以衙廨朽壞捐貲修舉自是學宮稱完且美矣至崇禎年間歲久圯壞廟貌不蔽風雨兩廡盡爲荒陂七十二賢之

神位皆聚廬而處焉晉江李公拯捐俸市材剏建
自聖殿兩廡啓聖宮櫺星門俱煥然一新自數十
年以來棟圮墻摧幾成墟莽康熙八年武陵同知
孫公胥慨然經始教諭樓公立尊共捐資修工
費鉅煩今祁陽鄭公僑捐俸加修聖殿始獲蒇工
學宮肅穆規模宏壯稍復舊觀其督工料理材木
尉張公鳳麒不避風雪誘助勸工共勷盛舉云
儒學土地祠後教諭丁公欽鑲于崇禎癸酉歲建樓
三間爲燕居絃誦之所歲久頹廢今教諭姜公岳

佐于康熙十年十月甫至即捐俸市材營建前望
南山後屏五峯登斯樓者有超然之志

社學在縣治宣化坊前西偏即惠民藥局故址弘治
間九都韓日誠請佃嘉靖甲申令楊公紹芳令生
員陳顒等諭其族監生祝淞復還之不受價建社
學嘉靖乙未父令張公光祖重建匾曰古小學萬
曆初年又圮十三年乙酉令朱公維藩重建邑人
陳絳爲記畧曰古之教人自家以達于天子之廷
皆有學自幼至長皆業于學然有
大學有小學大學所以淑成人小學所以端蒙養
是小學之制其來尚矣有虞氏曰下庠夏后氏曰

序商以左學周人兼之惜乎其制之不可考也而後世小學之意寖微矣夫物之始生蒙昧未明道之以善則善導之以惡則惡此聖狂所由分不可不愼也高皇帝崇儒古道比隆三代令天下郡邑徧立學校擇士之俊秀而養之又倣古小學設爲社學以教其鄉之子弟恩甚渥矣顧民有家塾類以虛文視之甚者轉爲蔬畦廢棄不問不獨虞爲然也今縣令朱公政務養民尤孜孜然以教化爲先仰承德意即其故址修建社學前爲門三楹匾曰古小學次爲遵聖堂刊奉聖諭于其中又次爲養正樓擇士之材良行修者爲之師以教虞之子弟給以廩餼省其勤惰勿徒爲虛文已經始于乙酉三月落成于冬之十月其材取于贖鍰及良民之願輸者督造則有鄉三老某某云邑博士程君克昌戴君士完謝君璿樂小子之有造屬余記其事公諱維藩別號貞石直隸淮安衛人萬曆丁丑進士

明崇禎間鄉紳陳公維新援請佃例築入宅内

康熙七年奉文清丈復古小學舊址其鄉興崇獎

俟後之賢能者

月林書院在縣北五夫市之清風峽宋潛時翁造乃

朱文公講學之所廢久址存

泳澤書院元至正間鄉西溪湖濱方樞密更置金碧

山東朱文公弭節于此立院祠之今院廢猶名其

地曰書院前橋曰來學橋至正一十六年儒學副提舉楊彝記泳澤書院

在城修文坊內中爲大成殿塑先聖配從像前爲

儀門翼以兩廡殿後爲講堂旁爲先賢祠祀晦庵

朱子至正二十五年樞密知院方國張建記曰聖

人之道自孟子歿而失其傳至濂洛諸儒始倡明

之然不再傳而異說並興學士大夫從而惑焉新安朱先生起而麾之紹隆道統折衷羣言以覺後學至今賴之夠昔所按歷之地功德在人則祠以祀之宜也先生以宋淳熙辛丑秋八月拜提舉浙東常平之命其冬十二月視事于西興時浙東大饑紹興爲甚先生舉行荒政條奏纖悉其卹民之意至矣上虞紹興屬邑則其所以被者邑人李莊簡公之鍚直顯謨閣潘公時當時賢者與先生相知深二子友端友恭皆及門受學而其問荅之詳造詣之深見諸文集可考邑人得于私淑淵源有自來矣先生功德彰彰在人耳目而祠未有能興者豈非闕典與今知江浙行樞密院事方公始建書院而立先生之祠先是縣西南一里有湖曰西溪民資以灌溉旁湖之田恒有歲遽宋季籍湖地之高者爲田而租入彊家曰籍田田下故植菱藕其後泥淖淤積豪民因耕其中曰蕩田合爲畝九九千一百有奇初籍田枕湖號爲膏腴及蕩田興而水利分百年以來高下異勢而肥瘠遷化蕩田歲

稔籍田覗其租再倍而多荒于草莽至郡縣責逋負一切繩之以法民交病之至正十八年公爲江浙行中書省叅知政事攝餘姚上虞之師乃克命官驗田高下以均其賦役命吏堤防通溝洫以備水旱咸豊年于是民大懽洽甞自湖濱爲公立祠曰泳澤書院公曰吾閩文公朱先生昔持部使者節以臨是邦救災邺患嘗有德于爾民而誦其詩書以成德達材者復不絶于世有功于斯文更大其爲澤更遠矧今朝廷追美先猷爵以大國改封于齊于儒者有光焉遂拜有司相地之塏爽者得于金罍山之東麓掄材鳩工諏辰協吉以興斯宇儀門禮殿祠宇堂廡齋廬庖廩凡若干楹堊壁塗塈丹雘之施聖賢儀像幾席籩豆罍爵之設亦既完且美矣公復以白馬夏蓋湖田一千一百餘畝歲入以供春秋祭祀與師生之廩食經始于二十五年春落成于冬十一月民衆聚觀無弗忻喜延榜之曰泳澤書院從民志也

萬曆十二年令朱公維藩復西溪

湖并復朱文公泳澤書院于湖濱南北深一十二丈東西濶九丈蓋屋兩層前三間爲麗澤堂郡侯蕭公名後三間爲祠所遷文公像于中兩廂各十間儀門三間榜曰文公祠前石坊題曰泳澤書院再前爲來學橋春秋祭祀修理養贍之資舊有田七畝坐奎文閣後萬曆十二年請于郡守蕭公良幹將没入澄照寺田五十畝給學贍廢守祠門子一名撥燈一盞工銀三兩陸錢以贍管守今革春秋丁次日縣官及教官率諸生行祭禮

祭品 猪一口羊一口食案一張五饌五菓紙燭香帛與祭者皆頒胙

供具 祭桌四張方凳四條會課長桌十二張長凳十二根今皆無存

祝文 先生續絕學承伊洛之正宗折衷百氏羽翼六經發千古不傳之秘至四方來學之盟昔講道西溪泳澤乃成源深流遠俗美風淳迨元之世與湖俱廢歲久不收士亦憔悴于今三百餘載乃有郡侯宛陵蕭公邑侯淮陽朱公慨復是湖重建泳澤灌溉足而民不憂旱師模邇而士多成德孰非先生之賜永賴生成之澤崇祀山堂萬世無斁

知府蕭良幹記畧曰 有宋文公朱先生提刑浙東講學于虞之西溪湖虞人慕之久而弗諼也卽湖濱爲書院曰泳澤以志思焉元人記之詳已歲久湖湮廢書院亦傾圮廢而爲田者且二百年所萬曆癸未不佞來守越則諸生手牒而至請復湖余可之以屬令朱君既有緒諸生又手牒而至請復書院余又可之於是令朱君聚材鳩工諏吉選勝爰就湖之滸爲堂若干楹後爲室若干楹左右爲翼舍各若干楹而綽楔其前榜曰泳澤書

院仍舊名也既成諸生來謁記余嘉諸生之勤也其不懈思知所向也朱君之用也其于民事恐所先也承趙其地與樂成焉近書院祠守以守者不得其人今已頹廢參移文公像于水東精舍至文閣上春秋丁後祀之

復古堂縣南十里萬曆十二年令朱公維藩復古西溪湖遂建此堂於側以爲觀風駐節之所今廢

來亭縣南十里萬曆十二年令朱公維藩開復西溪湖四郊之民不戒而至者日以萬計七日湖成人樂之爲建亭今廢朱維藩記曰余宰虞三載爲萬曆甲申春二月有西溪湖之役云湖之衰殆數里築堤防水厥功頗鉅即以工計之殆不啻數萬用民動衆其將

無未信之厲乎始而白揆聚千駟之馬于一廐則日用每見其難散千駟之馬于各郊則食用每見其易邑之以圖定者將百有四十里里率其遞遞率其甲力分于衆多廢均于各辦庶幾哉不勞而功可成也請諸府臺蕭公欣然受命焉繼後竊慮大道之降也人私其情愛其力即一家之事嚴君未必盡行于其子何況通邑之廣窮山濱海剛柔異性遲速異齊令出果必其惟行乎及經始後余輙在視之丁壯咸集合遠與近蟻聚聲屯壘粮運土無早夜無晴雨不假督責旬日閘湖之堤隱然若長城矣夫子樂于從父之令而民勇于從上之役其義則一而已在邑也爲順民即在家也爲孝子余媿未能子民何幸而得斯民之信從若此哉稽諸孫因越問稱虞姚有舜禹遺化風俗近古習孝弟勤儉亦好信而尚忠徵之今日殆信然矣余少誦靈臺詩聞子來之言今得身親見之遐想周家不識太和氣像更何如也爰即憩止處搆一小亭竊名子來而次第其事亦古人豐樂喜雨名亭

之遺意歟

水東精舍縣東門外卽龍王堂故址嘉靖三年楊公紹芳建樓三間用塞水口前石坊扁曰水東精舍樓之額曰奎文閣塑朱文公像祀焉萬曆十二年令朱公維藩興泳澤書院於西溪湖奉文公像祀書院而重修奎文閣別立魁星祀之明邑人朱袞記曰自城闉而東可三里丘屹然中湍起構其處曰水東精舍實自吾楊侯伯傳始侯下車之明年爲乙酉歲登丘而周覽進父老諮曰澗自離兌合流趋震震軸曠以豁微此莫榰既聞故龍宫廢狀則嘅曰固風氣而事勿經其廢也宜而思取材于可毀之宫責力于犯科之民三閱月而閣翼然立已而廨以舍

繚以垣樹石表門望者稱精舍云侯慮無以端教範收儒效爲風氣庇迺像文公朱夫子于閣而顏其楣曰奎文閣俾譽髦遊而仰止焉曰茲實文公提舉過化之地爾其尋遺範毋忽旣釋菜過三峯問記衮曰校舍之外無舍也有精舍非以廣藏也時制責校以課試應舉未嘗一日不于文以筌蹄眡文吾見功利滋而道德薄寖至目古爲迂濶是豈文之弊乎文無踰六經凡以載道也習其文而遺其道豈習也文公還自浙東于武夷精舍與學者辨浙學之非以爲舍六經而尊史遷舍窮理盡性而談世變舍治心修身而喜事功大爲心術累吾邑在哲必有親被其教者至于今日而可忘乎誠卽六經而精思與學析之弗雜守之允固眞有以見夫道之根於人心切于日用而不可以富貴貧賤禍福利鈍二焉則士習正而眞才出敷而典常著而功烈進以經世退以藻身斯無負文公之教而上可應奎山川亦與有光焉侯名紹芳應城人癸未進士萬曆戊戌閣復圮壞令胡公思伸重

修以泳濟書院頗類不堪奉祀復移文公像于閣
上後祀　皇清康熙四年新改爲東嶽廟僧慧源
董其
事
起鳳塔縣東五里爲邑之巽峯萬曆五年令林公廷
直捐俸百金爲倡建塔車郎山上傍有庵三間
奎文塔縣東二里邑東北無山水直下風氣潰泄之
所萬曆七年令賀逢舜因民之請挪塔兩層又萬
曆十二年令朱公維藩成之塔前挪文昌祠聯登
橋邑人張承賚記曰　皇上御極之四載令方侯見
嘆虞邑壤中隆而旁削山周環而一齾不歛其潤
無以涵蓄風氣曾宣人文思培焉而未有當也會

邑之東南山勢稍伏議建塔其上工且半而用屬
弗給衆以隱田事請其逋稅於兩臺咸報可旣以
聞于公公欣然曰是余志也趨下[illegible]俾竟之已又
進鄉大夫士而言曰是在堪輿爲巽巽而鼎秀問
善然以余所睹其漕水下趨東北日夜傾注無砥
捍者則氣終洩而弗聚莫若修水口更作亢是水
口有奎文閣蓋亦以障川之東而今有夾其會處
屹立一塔以翼之使山水之精神交相映發穎不
偉與于是卜日卽其地以標其址鳩工庀材經始
厥事時惟澗南賀侯稱廉能率作之勤實賴焉無
何公晋秩行而賀又以制去坐是弛輟若莽丘矣
歲壬午淮陽貞石朱侯來蒞政凡所典舉纖振雲
集靡不中會未浹歲詢知其由卽復其址廼鄉大
夫士召父老議之僉曰役也麽鉅卽有逋稅在敵
之難中輟而議與更始之難侯曰不然是有成業
而功之弗繼謂作者何故云平地可山簣爲高而
得因也乎遂以請于今太府楢齋蕭公公善之畀
俸以助曰無爲道謀是時余公道秉憲來浙不忘

棠茇故思方下檄問昔所建塔今作何狀而我生侯芳以命倕執繩墨圬墁埴諸役者胥操作而前矣其以對則公欣然謂微令賢孰成予志是虞所徼福也夫侯喜上下相信益殫心經營不敢足丁通稅而用弗告匱不亟煩乎民力而功已次集閱數月而役人告成事侯於是偕鄉大夫士召父老觀焉則見欒櫨疊施梁甃井列上薄蒼漢下勒奔流益瀛壺閬風在襟帶間矣侯顧而爽然樂也以爲張子與知顛末乃屬記之余惟古今豪傑于世有所注厝必氣與地符地與人會兩相遘合實繇夙緣非偶然也乃今余公倡之侯成之輟而復作豈非吾虞千百年一大勝事哉自今以往行見人文鬱起多士奮庸以枉石乎廊廟以光榮乎邑里使後之誦之者咸曰人才之盛于今日者伊塔之功則我公我侯之德與塔俱存而芳名流于永世矣余公諱一龍婺源人蕭公諱良幹涇人賀侯諱逢舜益陽人朱侯諱維藩山陽人

塔始建是用備書以垂不朽云

虞邑自朱公維藩建塔以後風氣攸隆人文丕茂科第較昔爲盛職斯土者皆考最超擢明季文塔圮側營修弗竟陳宫講木生議重建一塔仍存其舊同時議事者相左遂中格不行雖起工修建而築基匆固遂致傾廢後雖屢議建復有同築舍康熙九年祁陽鄭公僑蒞虞相視地形以此塔爲風氣最關慨然獨任事不容緩因檄紳衿公議首捐清俸勸助樂輸壬子春王二月擇吉鳩工伊始且拭目以觀厥成焉

上虞縣志卷之五終